Joachim Kolmer

Im Kranichwald

Tier- und Jagdgeschichten
eines mecklenburgischen Försters

WAGE-Verlag

Dieses Buch darf nicht ohne vorherige schriftliche Genehmigung des WAGE-Verlages ganz oder teilweise mechanisch oder elektronisch reproduziert, vervielfältigt oder verbreitet werden.

Copyright © 1999 by WAGE-Verlag

Autor: Joachim Kolmer
Lektorat: WAGE-Verlag
Umschlaggestaltung, Layout und Satz: Steckel
Zeichnungen: Reif
Gesamtherstellung: WAGE-Verlag

Vertrieb: WAGE-Verlag
Klein Tessin 11B, 18195 Tessin
Germany
Tel.:/ Fax: (038 205) 12902/12901

1. Auflage

ISBN 3-9805273-6-0

Dieses Buch widme ich meinen Großeltern

*Fritz Evermann und
Anna Evermann, geb. Busch*

Inhaltsverzeichnis

I. Erlebnisse aus meiner Kindheit — Seite

1.	Südwestmecklenburg	10
2.	Der Hunde-Vater	13
3.	Der Keiler aus dem Brombeergraben	17
4.	Die Vertreibung des Seeadlers	20
5.	Die Fasanenküken	24
6.	Großvaters abnormer Hirsch	29
7.	Die Treibertaufe	35
8.	Der Fuchsschwanz	38
9.	Der Wiedehopf	43
10.	Die Jungfüchse vom Sprengplatz	48
11.	Kleine Frischlinge im August	52
12.	Sascha und Willi	57
13.	Das Wildschwein mit dem Kopftuch	62

II. Begebenheiten aus meiner Jungjägerzeit

14.	Eine ungewöhnliche Schlittenfahrt	68
15.	Ein böser Zufall	73
16.	Der IIb-Hirsch	77
17.	Der kleine alte Keiler	83
18.	Der laufkranke Frischling	85
19.	Kolkrabengeflüster	91
20.	Das Hermelin vom Grenzwall	95

III. Die Lübtheener Zeit

21.	Eine gefährliche Verwechslung	100
22.	Der Polzer-Hirsch, ein Legende	105
23.	Der "Riesenhirsch"	108
24.	Der Brunftplatz in der Abteilung 103	112
25.	Der Wolf in der Leussower Heide	118
26.	Das "Platzkommando"	122
27.	Die Schorfheide	126
28.	Der kranke Eissprossenzehner	131

IV. Jagdgeschichten aus meiner Zeit in Goldberg und Laage

29.	Da staunten selbst die Wildschweine	140
30.	Der Keiler vom Hellberg	144
31.	Flugplatztreibjagd	150
32.	Flugplatzsauen	155
33.	Der letzte Hirsch vom Flugplatz	159
34.	Der Goldmedaillenhirsch aus Striesdorf	165
35.	Der "tollwütige" Keiler	171
36.	Der abnorme Hirsch	175
37.	Das Marderbaby und der starke Bock	180
38.	Im Kranichwald	186
39.	Die drei abnormen Rehböcke	190
40.	Dachsgeschichten	195
41.	Jagdfreunde	200

Vorwort

Joachim Kolmer hat sein Leben mit Wildtieren auf Anregung des Verlegers in einem Buch niedergeschrieben, das mich aus verschiedenen Gründen beeindruckt. Zum einen ist es sein Schreibstil. Er formuliert nicht wie ein professioneller Schriftsteller, sondern gibt seine Erlebnisse, Beobachtungen, Eindrücke und Meinungen wieder in der ihm eigenen Weise eines Menschen, der bewußt in und mit der Natur lebt. Wie eindrucksvoll ist doch eine Formulierung wie: „Es war ein schöner Sommerabend! Ich betrachtete die Kiefern am nahen Waldrand. ‚Riesen werden es wohl nie', dachte ich. ‚Dafür ist der Boden zu arm. Bäume sind ihr Leben lang an einen Standort gebunden und müssen mit dem zufrieden sein, was sie dort vorfinden.' Ich überlegte, ob man sie darum beneiden oder bedauern sollte." Der Autor läßt sein bisheriges Leben Revue passieren, schildert uns, wie er als Kind, geprägt vom jagenden Großvater und naturverbundenen Opa Walter Schwebke, in der nahe der innerdeutschen Grenze gelegenen Griesen Gegend mit Wildtieren aufwuchs und stellt uns die Stationen seines Försterlebens vor. Bis auf die Zeit seines Forstwirtschaftstudiums an der Technischen Universität Dresden ist er fast immer Mecklenburg treu geblieben. Wenn in seinen Erzählungen das vielfältige Wissen über Land und Leute sichtbar wird, spürt man seine Liebe zur Heimat, seine Verbundenheit mit der Natur. Sein Buch gehört in den Bücherschrank des Jägers. Genauso aber werden sich an der Natur interessierte Kinder und Heranwachsende an seinen Geschichten erfreuen. Für den Jungjäger, aber auch manchen alten Hasen, gibt er seine Erfahrungen mit Wildtieren wieder, beschreibt das Wachsen, Werden und Vergehen in der Natur und stellt Tips für die jagdliche Praxis heraus. Ich lernte Joachim Kolmer leider erst 1994 kennen. Nachdem mich mein Dienstherr nach Rostock befohlen hatte, trafen wir uns auf einem Jahresempfang beim Jagdgeschwader in Laage-Kronskamp. Unter den Luftwaffensoldaten und zivilen Gästen kamen wir uns schnell näher, er in Jägergrün, ich in Feldgrau. Die Jagd war natürlich der Anknüpfungspunkt. In den seither vergangenen fünf Jahren wurden wir uns immer vertrauter. Er ist für mich zu einem späten jagdlichen Lehrmeister geworden. Hätte der Storch ihn 1952, wie der Verfasser es ausdrückt, nur wenige Kilometer westlich der Elbe fallengelassen, wären wir uns vielleicht schon in den 60iger Jahren begegnet, als ich in Lüneburg lebte. Joachim Kolmer nimmt als politischer Mensch, der nahe der unmenschlichen Grenze aufwuchs und auch später immer wieder Auswirkungen der SED-Herrschaft erlebte, in seinen Äußerungen über die seinerzeit bestehenden Umstände kein Blatt vor den Mund. Das Anliegen des bodenständigen, hochengagierten Försters ist es nicht, die Erbeutung starker Trophäen und Erlegung großer Strecken zu schildern, sondern uns ein Leben mit Wildtieren aus der ganz persönlichen Sicht eines weidgerechten Jägers im schönen Mecklenburg nahe zu bringen. Ich hoffe, daß sich viele Leser mit mir an diesem Buch erfreuen.

Kronshagen, im Januar 1999   Volker Heinsen

I. Erlebnisse aus meiner Kindheit

1. Südwestmecklenburg

Der Storch hat mich 1952 zufällig in dem kleinen Dorf Groß-Schmölen in Südwestmecklenburg, der dünnbesiedelten Griesen Gegend, fallengelassen. Wenn ich nur ein paar Kilometer weiter, auf der anderen Seite der Elbe im Niedersächsischen Wendland, das Licht der Welt erblickt hätte, würde ich heute mit Sicherheit andere Geschichten schreiben.

Mecklenburg ist durch seine vielen Seen und Laubwälder und seinen schönen Ostseestrand bekannt. Die Griese Gegend hingegen wird von zahlreichen Flußniederungen und großen Kiefernwälder geprägt. Die Flüsse Löcknitz, Elde, Röcknitz und Sude winden sich verträumt durch das flache Land und vertrauen ihr Wasser der Elbe an. Das Leben der Menschen in der Griesen Gegend war immer sehr hart. Fast jedes Jahr versetzte das Hochwasser die Menschen in Angst und zerstörte Teile der Ernte. Dann wieder gab es Jahre mit zu geringen Niederschlägen, und die Ernte auf den kargen Sandböden verdorrte. Unter diesen extremen Verhältnissen konnten sich keine großen Gutswirtschaften herausbilden. Das Land blieb fast ausschließlich in der Hand von Bauern, Büdnern und Häuslern.

Mein Geburtshaus stand am Rande der Kiefernheide. Die Eltern meiner Mutter, Anna und Fritz Evermann, kauften es nach ihrer Heirat und als meine Eltern, Hilde und Heinz Kolmer, mit einzogen, wurde es der neuen Familiengröße angepaßt. Während meiner ersten Kinderjahre lebten noch Pferde, Kühe, Schweine, Schafe, Hühner, Enten, Hunde, Katzen und anderes Getier auf unserem Hof. Ich war dabei, wenn neues Leben entstand, die Tiere heranwuchsen, wenn sie geschlachtet werden sollten oder eines natürlichen Todes starben. Ich lernte, daß man erst säen muß, um zu ernten. Schon als Kind besaß ich meinen eigenen kleinen Garten. Ich begriff, daß Tiere und Pflanzen, wenn sie hohe Leistungen und Erträge bringen sollen, gut gepflegt werden müssen. Ich freute mich über fröhlich und munter umherspringende Tierkinder genauso wie über die blaue Kornblume am Feldesrand. Gemeinsam mit meinen vier Geschwistern, Marita, Karl-Heinz, Annelie und Uwe, verlebte ich eine glückliche und sorgenfreie Kindheit. Noch immer schöpfe ich aus dieser Zeit Kraft und Zuversicht.

Ende der fünfziger und Anfang der sechziger Jahre kündigten sich am Horizont große Veränderungen im traditionellen dörflichen Leben an. Die Bildung von Landwirtschaftlichen Produktionsgenossenschaften (LPG) und die schrittweise Einführung des wissenschaftlich-technischen Fortschritts, verbunden mit einer stärkeren Konzentration der Produktion, sollten die Verhältnisse in der Griesen Gegend völlig umgestalten. Im gleichen Maße veränderten sich auch die Lebensbedingungen für die Pflanzen und Tiere in der freien Natur. Die 1970 begonnene Verlegung der Löcknitzmündung in die Elbe brachte den Menschen auch meines Heimatdorfes mehr Sicherheit vor dem Hochwasser, zerstörte aber ein weiteres Stück ursprünglicher Natur.

Großvater, von Beruf Schuhmachermeister, betrieb nebenbei eine kleine Landwirtschaft, und ging schon vor dem 2. Weltkrieg zur Jagd. Die Groß-Schmölener Jagd war damals noch eine reine Niederwildjagd. Doch dann wurde er Soldat und kam erst 1949 aus russischer Gefangenschaft zurück. Nach dem Krieg gehörte er zu den Jägern der ersten Stunde und blieb seiner Passion bis ins sehr hohe Alter treu. In seiner Schusterwerkstatt fesselten mich als Kind oft die spannenden Erzählungen und Berichte befreundeter Jäger und Förster. Hier liefen viele Informationen zusammen und wurde kräftig an den Seilen der örtlichen Jagdpolitik gezogen. Großvater machte mich von Kindesbeinen an mit der Jagd vertraut.

Ich sah die Jagd immer als etwas ganz Selbstverständliches und Natürliches an. Sie ist eine der ältesten Umgangsformen des Menschen mit der Natur, ja sie hat über Jahrtausende sein Leben überhaupt erst ermöglicht. Sie generell zu verdammen, hieße gegen das Leben zu sein.

Die Jagd fordert von uns aber ein hohes Maß an Disziplin und ein Streben nach Ausgleich der Interessen. Alle heimischen Wildtiere besitzen das Recht, gleichberechtigt an unserer Seite zu leben. Durch meinen Beruf als Förster hatte ich das Glück, immer in sehr schönen und wildreichen Gegenden unserer mecklenburgischen Heimat zu arbeiten und zu jagen. Von Groß-Schmölen führte mich mein Schicksal nach Lübtheen, Goldberg und Laage.

Leider stelle ich fest, daß sich immer mehr Menschen von der Natur entfernen, aus der sie gekommen sind und ohne die sie auch in Zukunft nicht leben können. Schnelle Autos, Glücks- und Computerspiele, das Fernsehen und noch andere "moderne Erfindungen", haben sie gefangengenommen und gaukeln ihnen oft falsches Glück vor. Was ich nicht kenne, schütze und achte ich auch nicht. Das laute und grelle Leben in der heutigen, nur von Terminen gefesselten Zeit macht viele blind für die unscheinbaren Freuden und taub für die leisen Töne. Sie hören den feinen Unterschied zwischen einem wohligen Zwitschern und einem verzweifelten Angstschrei einer Meise nicht. Sie übersehen, wenn ein Reh verunsichert abspringt oder eventuell ruhig äsend weiterzieht. Darin sehe ich eine große Gefahr.

2. Der Hunde - Vater

Der zweite Weltkrieg brachte nicht nur für die Menschen fürchterliches Leid. Auch die Natur mußte in vielen Teilen unserer Heimat starke Zerstörungen hinnehmen und es dauerte Jahrzehnte, bis die Wunden heilten. Viele Narben werden für immer bleiben.

Am 25. November 1953 verabschiedete die Volkskammer der damaligen DDR das Gesetz zur Regelung des Jagdwesens. Damit wurde die Jagd im Osten Deutschlands wieder in geordnete Bahnen gelenkt.
Bis dahin führten im wesentlichen die Russen den Wildabschuß mit der Waffe durch. Die von ihnen niedergemetzelten Rot-, Dam- und Rehwildbestände erholten sich nur langsam. Nur das Schwarzwild, dessen Bejagung viel Zeit und Geduld erfordert und das zudem noch sehr anpassungsfähig ist, vermehrte sich innerhalb weniger Jahre so stark, daß es zur Plage in Mecklenburg wurde und die Ernte der Bauern bedrohte. Vielerorts mußten die Felder jede Nacht bewacht werden. Auch die eiligst gebildeten Jagdkommandos der Volkspolizei (VP) zur Schwarzwildbekämpfung brachten keine befriedigende Lösung. Ohne ein geregeltes Jagdwesen ließ sich die Lage nicht mehr beherrschen. Den politischen Führungen in Moskau und Berlin fiel es schwer, deutschen Jägern wieder Waffen in die Hand zu geben, aber die Wildschweine ließen ihnen keine andere Wahl.

Als Kind hörte ich immer sehr aufmerksam zu, wenn sich die Alten im Dorf über die "Jagd" unmittelbar nach dem Krieg unterhielten. Mit Fallgruben und Hundemeuten versuchten sie, das Schwarzwild auf eigene Faust zu reduzieren. Einige Dorfbewohner versteckten Jagd- und Militärwaffen und füllten ihre Speisekammer regelmäßig mit schmackhaftem Wildbret auf, ein nicht ganz ungefährliches Unternehmen. Illegaler Waffenbesitz wurde mit hohen Haftstrafen geahndet. Die Jagdwaffen meines Großvaters vergruben Großmutter und Mutter kurz vor Kriegsende ge-

... Sie holten ihn sehr oft mit seinem Deutsch-Drahthaar Ajax zu komplizierten Nachsuchen ...

meinsam mit einem Jungen aus der Nachbarschaft im nahen Wald. Sie wußten ja, wie sehr Großvater an seinen Waffen hing. Als er aus der Kriegsgefangenschaft zurückkam, waren die Waffen allerdings verschwunden. Seiner Bockbüchsflinte Kaliber 8 x 57 trauerte er noch lange nach.

Die Russen liebten die Jagd auf Enten und Gänse. Fast jeden Abend fuhren sie im Herbst mit ihren Lastkraftwagen aus der Ludwigsluster Garnisonsstadt vor und verteilten sich entlang der Elbdeiche und in der Löcknitzniederung. Sie schossen auf alles, was Flügel hatte und nahmen es auch mit der Schußentfernung nicht so genau. Es knallte fast ununterbrochen. Tonnen von Blei landeten in den angrenzenden Wiesen und Schilfpartien. Die Russen besaßen keine Jagdhunde. Tiere, die in unwegbares Gelände fielen oder geflügelt waren, blieben in der Regel liegen und wurden ihrem Schicksal überlassen. Einige jagderfahrene Dorfbewohner suchten dann am nächsten Tag mit ihren Hunden die Gebiete ab und kamen oft mit Beute zurück. Einmal brachte Wilhelm Eckhof, Großmutters Schwager, zwei geschossene Schwäne. Die Russen ließen sie an ihrem Kochplatz zurück, als sie merkten, daß sie nicht schmeckten. Großmutter nahm sie gern. Von den Federn konnte sie ein großes Bettinlett füllen.

Auch Opa Walter Schwebke aus Polz, ein selbständiger Malermeister, Jahrgang 1889, wußte immer viel Interessantes aus dieser Zeit zu erzählen. Vor und während des Krieges besaß er einen Begehungsschein beim Polzer Jagdpächter. Opa Schwebke war ein großer Naturfreund und sehr guter Hundemann. Die Russen nannten ihn achtungsvoll den "Hunde-Vater". Sie holten ihn sehr oft mit seinem Deutsch-Drahthaar Ajax zu komplizierten Nachsuchen. Ajax besaß eine ausgezeichnete Nase und fand noch Stücke, wo andere Hunde schon längst versagten.
Einmal sollte Opa Schwebke ganz in der Nähe von Polz mit Ajax einen Hirsch nachsuchen. Anhand der Schußzeichen stellte sich schnell heraus, der Hirsch wurde weidwund geschossen. Schon nach 100 Metern fand man kaum noch ein Tröpfchen Schweiß. Ajax arbeitete die Fährte trotzdem zielsicher aus. Die Nachsuche ging durch dichte Kiefernschonungen und über langgestreckte

Dünenzüge. Nach ca. einem Kilometer nahm Opa Schwebke seinen Hund unauffällig von der Schweißfährte und erklärte den Russen, daß keine Chance mehr bestand, den Hirsch zu finden. Die Russen sahen das auch ein. Sie wußten aus Erfahrung, wenn Ajax aufgab, bestand keine Hoffnung auf Erfolg. Opa Schwebke verabschiedete sich freundlich und wartete, bis die Russen abfuhren. Danach nahmen die beiden die Nachsuche wieder auf. Im Schutz der Dunkelheit wurde der Wildkörper dann mit einer Karre nach Hause geholt und aufgeteilt. Kurz vor Weihnachten kam so ein Hirschbraten gerade recht.

Zur aktiven Jagd konnte sich Opa Schwebke nicht mehr durchringen, aber er blieb bis ins hohe Alter mit den Jägern und Naturfreunden der Griesen Gegend eng verbunden. Bis ihn seine Beine nicht mehr in den Wald tragen konnten, betreute er in den Wintermonaten in der Nähe von Polz eine Futterstelle. Jedes Jahr im Herbst sammelte er große Mengen Eicheln und Kastanien und stoppelte auf den Feldern Kartoffeln und Rüben für "sein" Wild. Es konnte noch so kalt sein und fürchterlich schneien, das Wild bekam täglich seine Ration.
Als er im Oktober 1978, fast neunzigjährig, auf dem Waldfriedhof von Polz zu Grabe getragen wurde, verlor ich einen meiner jagdlichen Lehrmeister.

3. Der Keiler aus dem Brombeergraben

Kurz vor dem Mittagessen kam Onkel Willi, der Schwager von Großmutter, mit seiner Mischlingshündin Senta zu uns auf den Hof und erzählte ganz aufgeregt, daß er auf seinem morgendlichen Sonntagsspaziergang am Graben hinter dem Dorf von einem gewaltigen Keiler vertrieben wurde. Wir Kinder spitzten sofort ganz interessiert die Ohren.
Senta lief wie immer ihrem Herrn unangeleint voraus, Hunde wollen ja immer die ersten sein, und sie beschnüffelte die vielen interessanten Duftmarken. Plötzlich und unerwartet tauchte ein großer Keiler aus dem Graben auf und fiel den Hund an. Wildschweine können Hunde nicht leiden. Vor Angst rannte Senta zu Herrchen, schließlich war sie kein Jagdhund, und Herrchen blieb, als er begriff, was da auf ihn zukam, fast das Herz stehen. Zum Glück ließ der Keiler ab, nachdem er erkannte, daß ihm von den Spaziergängern keine echte Gefahr drohte und verschwand wieder im Brombeergebüsch.
Großvater hörte sich die Geschichte an, schien sie aber nicht recht glauben zu wollen. Er kannte Onkel Willi und wußte, daß er gern mal etwas übertrieb. Einen so großen Keiler fährtete Großvater in der Nähe des Dorfes noch nie.

Willi (Wilhelm) Eckhof arbeitete früher als Elbschiffer und trug meist eine alte ausgeblichene Schiffermütze. Seine Hände wurden durch die schwere Arbeit auf dem Schiff sehr groß. Zur Begrüßung hielt er uns Kindern daher immer nur den Zeige- und

Mittelfinger hin, auch die reichten schon. Im Frühjahr tötete er versehentlich eine seiner besten Kühe mit einem Stockschlag zwischen die Hörner. Sie wollte angeblich nicht in den Stall. Seitdem war er uns Kindern nicht ganz geheuer.

Als Großvater nach dem Mittagessen seine Flinte aus dem Waffenschrank holte, waren schon alle Kinder aus unserer Straße versammelt. Die Sache roch nach Abenteuer. Da durfte keiner fehlen. Auch unsere Nachbarn, Willi und Reinhold Fick und Ewald Ahrend, schlossen sich der Expedition an. Alle Zuschauer mußten auf Großvaters Anweisung am Waldrand in sicherer Entfernung stehenbleiben. Großvater ließ sich von Onkel Willi noch einmal die Stelle beschreiben, an der der Keiler wieder in den dornigen Brombeeren verschwand und ging dann allein weiter. Wir Kinder kletterten auf eine der großen Eichen, deren Äste fast bis auf die Erde reichten und uns wie urige Riesen erschienen, die mit ihren Armen alles schützend umfaßten, was in und auf ihnen lebte. Jetzt nutzten wir ihren Schutz und bekamen zusätzlich noch eine besonders gute Sicht. Großvater steckte in seine Flinte einen Brennecke und einen Posten. Damals war der Postenschuß auf Schalenwild noch erlaubt. Er ging sehr langsam an der Grabenkante entlang. Die Spannung stieg mit jedem Meter. Keiner wandte den Blick und sagte auch nur einen Ton. Nach ungefähr sechzig Metern blieb Großvater stehen, spähte einen Augenblick in die Brombeersträucher, hob die Flinte und schoß. Aus dem Gestrüpp stürzte ein sehr großer schwarzer Klumpen heraus und flüchtete mit gewaltigen Sätzen in Richtung Wald. Als das Wildschwein Großvater ein wenig die Breitseite zeigte, schoß er ein zweites Mal. Es zuckte deutlich zusammen und ging nun auf den Schützen los. Ich hielt den Atem an. Schon oft hörte ich davon, daß angeschossenes Schwarzwild, insbesondere Keiler, dem Menschen sehr gefährlich werden können und fürchtete um Großvaters Leben. Ich sah ihn, wie er schnell die Waffe öffnete und zwei neue Patronen in die Läufe schob und wollte in diesen Sekunden nicht in seiner Haut stecken. Der Schwarzkittel kam schon gefährlich nahe heran, doch seine Bewegungen wurden bereits deutlich schwerfälliger, und plötzlich brach der Riese zusammen. Ein Fangschuß war nicht mehr nötig.

Wir Kinder stimmten ein Jubelgeschrei an, kletterten so schnell wie wir konnten von der Eiche und liefen zu Großvater, unserem Helden. Er stand tief beeindruckt vor dem großen Wildschwein, schweigend, ja fast andächtig. Es war tatsächlich ein gewaltiger Keiler. Großvater erzählte, daß er das Wildschwein durch die Brombeeren zwar sehen, aber nicht vorn und hinten ausmachen konnte. Er ging davon aus, daß das Tier mit dem Kopf zum Wind lag und schoß zuerst mit Posten. Zum Glück irrte er sich dabei nicht. Bei genauer Betrachtung der inneren Organe nach dem Aufbrechen stellte Großvater fest, daß bereits einer der Posten das Herz des Keilers tödlich durchbohrte.

Der Keiler wog aufgebrochen immer noch über 110 Kilogramm und besaß gewaltige Waffen. Die Experten schätzten sein Alter auf acht bis zehn Jahre. Nie wieder hat Großvater so einen großen Keiler geschossen.

4. Die Vertreibung des Seeadlers

Der Seeadler braucht Wasser und Abgeschiedenheit. Er mag keine Menschen. Zum Glück haben wir in Mecklenburg noch solche fast menschenleere Landstriche.
In der Nähe von Polz, unserem Nachbardorf, lebte jahrelang ein Adlerpaar. Es errichtete seinen Horst in einer großen Kiefer, die in einem Waldgebiet stand, daß von den Einheimischen als "Schweinskuhle" bezeichnet wird. Die Seeadler jagten vor allem in der fischreichen Löcknitzniederung, aber auch an der Elbe und dem Rudower See bei Lenzen. Ihr Flug, ja ihre bloße Erscheinung beeindruckten die Menschen. Fast jedes Jahr zog das Paar ein bis zwei Jungadler auf. Für einen Tierfreund ein wunderbares Ereignis. Doch kamen auch andere Meinungen auf, ob nun berechtigt oder nicht.
Die Polzer Bauern ließen früher ihre Enten und Gänse frei herumlaufen. Fast den ganzen Tag lang trieben sie sich auf der Löcknitz, einem Nebenfluß der Elbe, und den angrenzenden Wiesen herum. Eine bequemere Mast gab es nicht. Zum Teil übernachtete das Federvieh sogar im Freien. Daß es bei einer solchen zaunlosen Freilandhaltung auch mal Abgänge gab, war wohl natürlich. Verursacher konnte es viele geben, und man hätte sie nicht nur im Tierreich suchen sollen. Aber da waren ja die "bösen" Seeadler. Einige Dorfbewohner dichteten ihnen kurzerhand die Schuld am Verschwinden einiger Enten und Gänse an, und eines Morgens lag ihr Horstbaum am Boden. Man brachte ihn zu Fall, indem man einfach ein langes Seil um den oberen Stamm legte und ihn dann mit einem Traktor umriß. Die Fassungslosigkeit auf der einen Seite stand der Genugtuung auf der anderen entgegen.
Einige Tage später fuhr ich mit einigen Jungs aus unserem Dorf per Fahrrad zum Tatort. Beeindruckt standen wir vor dem riesigen Nest. Sein Durchmesser erreichte mehr als zwei Meter. Es bestand im unteren Teil aus fast armstarken Ästen, zur Mitte hin verfeinerte sich das Nistmaterial. Die eigentliche Nestmulde, in die die Eier gelegt wurden und in der die Jungen Schutz fanden,

polsterten die Adler sehr sorgsam mit Moosen, Gräsern und Tierhaaren aus. Sie mußten an so einem großen Nest viele Wochen gearbeitet, es Jahr für Jahr ausgebessert und weiter vervollkommnet haben. Der Fall zerstörte es kaum. „Warum tun Menschen so etwas?" fragten wir uns. Es gehört doch schon eine große Portion Egoismus, blinder Haß und Dummheit dazu. Man müßte den Baum wieder einpflanzen, schlug einer in unserer kindlichen Runde vor und löste damit eine lebhafte Diskussion aus. Aber keiner der Vorschläge erbrachte eine befriedigende Lösung. Das Aufrichten der Kiefer wäre mit größerem technischen Aufwand möglich gewesen, aber ihr Feinwurzelsystem, mit dem sie Wasser und Nährstoffe aus dem Boden holt, war fast vollständig zerstört und damit der Tod dieses prächtigen Baumes besiegelt. Außerdem konnte keiner von uns voraussagen, wie die Adler reagieren würden.

Zwei Jahre später bezog das Seeadlerpärchen ungefähr drei Kilometer weiter einen neuen Horst, unmittelbar hinter der mecklenburgisch-brandenburgischen Grenze in der Eldenburger Prignitz. Aber auch dort sollten sie wenig Glück haben. Diesmal warf ein starker Frühjahrssturm den Horstbaum um. Heute brüten sie irgendwo im Zentrum der Kalißer Heide.

Es ist für mich immer ein besonderes Erlebnis, den Flug eines Seeadlers zu beobachten. Kein Vogel unserer Heimat fliegt so stolz und kraftvoll. Wenn es mir möglich ist, bleibe ich stehen und schaue ihnen hinterher. In der kalten Jahreszeit kann man sie zunehmend in der Nähe von Straßen beobachten, wo sie sich vom Aas überfahrener Tiere ernähren. Aber auch die Aufbrüche von Wildtieren, die bei der Jagd anfallen, sind für sie eine willkommene Delikatesse. Im Herbst eines Jahres machte ich mir die Mühe, die Wildaufbrüche immer zu ein und derselben Stelle im Revier zu bringen und richtete so einen regelrechten Adlerfutterplatz ein. Manchmal beobachtete ich dort bis zu vier Adler gleichzeitig. Erst wenn die Adler sich sattgefressen zum Ausruhen auf einem der zahlreichen Koppelpfähle niederließen, wagten sich auch die Kolkraben und Bussarde näher heran und zankten sich um die Reste.

... Erst wenn die Adler sich sattgefressen zum Ausruhen auf einen der zahlreichen Koppelpfähle niederließen, wagten sich auch die Kolkraben und Bussarde näher heran ..

Ein unvergeßliches Erlebnis mit Seeadlern hatte ich gemeinsam mit meinem jüngeren Bruder Uwe. Er war damals noch ein Schuljunge. Wir gingen nebeneinander auf einem schmalen Waldweg ganz in der Nähe unseres Dorfes spazieren, als plötzlich ein Adlerpaar direkt auf uns zugeflogen kam. Obwohl die Adler uns bemerkt haben mußten, änderten sie ihre Flugrichtung nicht und strichen hintereinander nicht mal fünf Meter über unsere Köpfe hinweg. Die große Flügelspannweite und der Anblick der kräftigen gelben Fänge mit den scharfen Krallen und die gewaltigen Schnäbel flößten uns Respekt ein. Uwe drückte sich ganz dicht an mich und hielt meinen Arm fest. Ein Anflug von verständlicher Angst in seinen Augen schlug aber schnell in großes Staunen um. Verzaubert sahen wir ihrem gleitenden Flug nach und freuten uns über diese unerwartete und seltene Begegnung.

5. Die Fasanenküken

Es war Mitte Mai. Die Obstbaumblüte näherte sich bereits dem Ende und die Blütenblätter rieselten, vom sanften Frühlingswind getragen, auf den Gartenboden. Es schien fast, als hätte es noch einmal geschneit. Aber der Frühling ging zum Glück endgültig als Sieger aus dem Kampf mit der kalten Jahreszeit hervor, und auf den Gemüsebeeten reckten sich die jungen Keimlinge kraftvoll aus dem Boden, ein Gedrängel und Geschubse. Jeder wollte der Schnellste sein und den schönsten Platz an der Sonne ergattern. Auch die Stare beendeten ihren Wohnungsausbau im Apfelbaum und brüteten bereits.

Als ich von meinem Gartenausflug in die Küche zurückkam, stand auf dem Tisch ein Karton mit pflaumengroßen, glänzenden, graugrünen bis oliv gefärbten Eiern. Sie lagen sorgsam in Holzwolle verpackt. Von Großmutter erfuhr ich, daß es sich um Fasaneneier handelte. Großvater bestellte sie sich und wollte sie nun von einer Glucke ausbrüten lassen. Der Fasanenbestand in seinem Jagdgebiet ging in den letzten Jahren stark zurück. Er hegte die Hoffnung, durch das Aussetzen von Fasanen diesen Prozeß zu stoppen.

Jahresstrecken von über fünfzig Fasanen gehörten in seinem Jagdgebiet schon längst der Vergangenheit an. Auch der Hasen- und Rebhuhnbesatz schrumpfte stark. Vor drei Jahren mußte Großvater die traditionelle vorweihnachtliche Hasenjagd wegen akuten Hasenmangels das erste Mal ausfallen lassen. Er konnte und wollte sich mit dieser Entwicklung nicht abfinden und unternahm große Anstrengungen zur schärferen Bekämpfung des Raubwildes und Raubzeuges. In geschützten Lagen errichtete er überdachte Fasanenschüttungen und beschickte sie im Winter mit Getreideabfällen.

Es zeigte sich aber bald, daß die Hauptursachen für den Rückgang der Hasen-, Rebhuhn- und Fasanenbestände ganz woanders lagen.

Fast wie auf Bestellung fing nur wenige Tage zuvor das alte Rhodeländerhuhn an zu glucken. Die Zehnjährige wurde von uns liebevoll die "Großmutter" genannt. Weil sie jedes Jahr zur rechten Zeit brütete und ihre Küken mit viel Liebe und Umsicht aufzog, sollte sie nicht geschlachtet werden. Ihr konnte man bequem dreißig Fasaneneier unterlegen. „Wohin aber mit den restlichen zwanzig Eiern?" Großvater horchte im Dorf herum und borgte sich von Alfred Schuldt, der immer sehr viele Hühner auf seinem Bauernhof hielt, eine Glucke aus.
Ich konnte das Schlüpfen der jungen Fasane kaum erwarten. Endlich, am 24. Bruttag, schauten unter den Flügelfedern der beiden Glucken lauter kleine Köpfe hervor. Im Unterschied zu den Haushühnern, die oft nur schleppend aus den Eiern kamen, schienen die Fasanenküken fast alle gleichzeitig geschlüpft zu sein. War das eine muntere Gesellschaft! Alle einheitlich graugelb bis leicht rötlich gefärbt, trugen sie einen dunklen Streifen auf dem Kopf und mehrere unterbrochene Streifen auf dem Rücken. Mit dieser Färbung sind sie in der Natur ausgezeichnet getarnt. Bei Gefahr auf den Boden gedrückt, sind sie für die feindlichen Augen fast unsichtbar, ihre Fleckenzeichnung verschmilzt mit dem Umfeld.

Großvater holte sich ein großes ausgedientes Netz vom Dömitzer Fischer und baute damit eine Voliere. Obwohl die Maschenweite höchstens 2 x 2 Zentimeter betrug, krochen in den ersten Tagen immer wieder einige Fasanenküken hindurch. Eigentlich gar nicht so schlimm, wenn dort nicht unsere Katzen gelauert hätten. Sie sahen in den kleinen Fasanenküken eine willkommene Beute und begriffen nur langsam, daß sie davon ihre Pfoten lassen sollten. In den ersten Tagen ernähren sich junge Fasane in der Freiheit vor allem von Insekten, Blattläusen, Wanzen, Spinnen, Ameisenpuppen und zartem Grün. Da diese natürliche Nahrung in der Voliere nicht in ausreichendem Umfang zur Verfügung stand, bekamen die Fasanenküken mit Eiern angereichertes Rinderhack. Später wurde dann auch zunehmend Körnerfutter verabreicht. Eine ganz besondere Freude konnte man den Fasanen aber mit Ameiseneiern machen. Ich entnahm sie mit einem Löffel den Nestern der Wiesenameisen, die es in unserem

... Am Ende des Sommers setzten wir die jungen erwachsenen Fasane in der Umgebung von Groß-Schmölen aus ...

Garten und am Waldrand in großer Zahl gab. Es schadete auch nicht, wenn einige Ameisen darunter waren. Auch sie landeten in den Mägen der Fasane. Nach einigen Tagen brauchte ich bloß mit dem Löffel gegen das Glas zu klopfen und die Fasanenküken stürzten heran, egal was sie gerade taten. Da konnten die Glucken noch so sehr locken und rufen, von dem Zeitpunkt an waren sie abgeschrieben. Einige Fasanenküken wurden so zahm, daß sie auf meine Hand hüpften und gleich aus dem Glas fraßen.

Nach zwölf Tagen konnten die ersten Fasanen schon ein beachtliches Stück flattern. Mit Stolz beobachtete Großvater, wie sie so gut gediehen. Langsam mußte er sich aber Gedanken über ihre Auswilderung machen. Am besten wäre es natürlich, sie langsam an die Freiheit zu gewöhnen, aber dafür fehlten Großvater die Möglichkeiten. Am Ende des Sommers setzten wir die jungen erwachsenen Fasane in der Umgebung von Groß-Schmölen aus. Nun mußten sie sich selbst ernähren, aber was sich als viel wichtiger und schwieriger erwies, sich selbst vor ihren natürlichen Feinden schützen.
Schon am zweiten Tag nach dem Aussetzen tauchten einige Fasane im Dorf auf den Hühnerhöfen auf und taten so, als wenn sie schon immer dort hingehörten. Auch in unserem Garten fanden sich zwei Hähne ein und blieben einige Tage. Sie übernachteten im großen Apfelbaum am Holzschuppen. Wenn ich mich ihnen zu sehr näherte, strichen sie aber sofort ab. Das Wilde in ihnen brach erstaunlich schnell wieder durch.

Leider kamen in den ersten Tagen und Wochen sehr viele der ausgesetzten Fasane ums Leben. Die großen kahlen Herbstfelder lieferten sie fast schutzlos den Greifvögeln und Füchsen aus.
Diese Bilanz stimmten Großvater und mich sehr traurig. Es zeigte sich immer deutlicher, daß der wirkliche Feind der Hasen, Rebhühner und Fasanen die moderne Landwirtschaft war.
Durch die Vergrößerung der Felder und Wiesen verschwanden viele schützende Knicks und Baumreihen in der offenen Landschaft. Der massenhafte Einsatz der chemischen Mittel vernichtete ihre Nahrung. Der Artenreichtum in der Pflanzenwelt ging stark zurück und die "lästigen" Insekten wurden flächendeckend

vergiftet. Das Pferd hält an, wenn vor ihm ein kleiner Hase in der Furche sitzt und geht erst weiter, wenn der Weg frei ist. Der Traktor mit seiner großen Maschine fährt ohne anzuhalten weiter. Diese Ursachen zu erkennen, war schwer, denn die gewaltige Leistungssteigerung in der Landwirtschaft blendete uns alle.

6. Großvaters abnormer Hirsch

In der Griesen Gegend Mecklenburgs ist der Boden arm. Die Menschen mußten ihm früher, als es noch keinen Kunstdünger und moderne Be- und Entwässerungsanlagen gab, mühsam die Früchte zum Leben abringen. Im Gegensatz zu den Tagelöhnern auf den großen Gütern Mecklenburgs waren sie aber frei und ihre eigenen Herren, stolz auf ihren Besitz, den sie auch in schlechten Zeiten in Ordnung hielten. Die schönen Dörfer künden noch heute davon.

Ende der fünfziger Jahre zeichnete sich in der ehemaligen DDR ein Umbruch in der Landwirtschaft ab. Aus den Gesprächen der Erwachsenen hörte ich Sorgen und Ängste heraus. Auch in unserem Dorf. Die ersten Bauern beugten sich dem allgemeinen Trend und gründeten eine Genossenschaft. Die gemeinsame Bewirtschaftung der Felder war die eine Seite der Medaille. Viel größere Probleme entstanden aus der Konzentration der Viehbestände. Besonders die Kühe und Pferde litten darunter. Früher eng mit den Menschen auf den Bauernhöfen verbunden, vermißten sie nun die individuelle Behandlung und liebevolle Pflege ihrer bisherigen Besitzer. Viele gute Kühe gaben plötzlich weniger Milch und wurden krank. Die Pferde wollten immer wieder in ihren vertrauten Stall zurück und gehorchten ihren neuen Betreuern nicht.

An einem Sonntag im Oktober, ich glaube im Jahr 1959, kam ein Bewohner aus Polz aufgeregt auf unseren Hof und wollte meinen Großvater sprechen. Aber Großvater befand sich gerade im Forstrevier Neu-Göhren zur Drückjagd. Der Fremde erzählte, daß er beim Pilzesuchen in der Nähe der Polzer Schweinskuhle einen Hirsch mit eigenartigem Geweih und einer Schußverletzung fand.

Nun war guter Rat teuer. Mit der Rückkehr von Großvater rechneten wir erst am Abend. Bis dahin würde das große Tier mit Sicherheit verdorben sein. Mutter und Großmutter wußten nicht so recht, was sie tun sollten, zumal nicht einmal feststand, wer den Hirsch überhaupt beschossen hatte. Plötzlich fällte meine Mutter eine überraschende Entscheidung. Sie schlug vor, den Geweihten mit dem Pferdewagen nach Groß-Schmölen zu holen. Hellauf begeistert half ich ihr, unseren Schimmel anzuspannen. Gemeinsam machten wir uns auf den Weg. Ich durfte neben ihr auf dem Kutschbock sitzen und staunte, wie gut sie mit dem Pferd umgehen konnte.
Als wir in die Nähe des Fundortes kamen, wurde unser Schimmel unruhig. Anscheinend konnte er den Wildgeruch nicht vertragen. Der Hirsch lag ungefähr zwanzig Meter vom Weg entfernt in einem dichten Kieferstangenholz. Der Einschuß befand sich kurz hinter dem Blatt. Seine stark verkrüppelte Trophäe entsprach nicht meinen kindlichen Vorstellungen von einem ordentlichen Rothirschgeweih. Erst viele Jahre später begriff ich, welch großes Jagdglück er damals hatte.

Mit Mühe und Not gelang es Mutter, den gewaltigen Wildkörper mit Hilfe des Pferdes aus dem Stangenholz zu ziehen. Der körperlich sehr starke Hirsch wog unaufgebrochen bestimmt seine zweihundertfünfzig Kilogramm. Wie aber sollten wir dieses große Tier auf den Pferdewagen bekommen? Mutter und die beiden Männer aus Polz mühten sich redlich, aber leider vergebens. Auch die Idee, die Seitenbretter des Wagens als schiefe Ebene zu nutzen und den Schwergewichtigen dort mit Hilfe des Pferdes raufzuziehen, brachte keinen Erfolg. Der Schimmel ließ sich nicht dirigieren und spielte regelrecht verrückt.

In der Zwischenzeit kehrte Großvater, früher als erwartet, von der Gesellschaftsjagd zurück. Er wollte nur Dina, unsere Deutsch-Drahthaarhündin, zu Nachsuche abholen. Zum Glück bemerkte Großmutter ihn noch rechtzeitig. Staunend hörte er sich ihre Ausführungen über unsere Bergungsaktion an.

Vor der Jagdbeginn in Neu-Göhren begab er sich in seinen Pirschbezirk zum Morgenansitz und kam dort unerwartet auf einen abnormen Hirsch zu Schuß. Doch seine Freude über den jagdlichen Erfolg währte nur kurz, denn der Getroffene flüchtete. Den ganzen Vormittag ließ ihm die Sache keine Ruhe, plagten ihn die Zweifel. Mittags meinte der Jagdleiter, Hans Gaethcke, endlich, daß er schon mit der Nachsuche beginnen sollte. Er selber wollte ihm nach Beendigung des letzten Treibens folgen.

„Wo liegt denn der Hirsch?" fragte Großvater neugierig. Großmutter erinnerte sich nur daran, daß wir die Schweinskuhle erwähnten. Aber er wußte sich zu helfen und fuhr mit seinem Moped die Abteilungsschneisen, die fast parallel zueinander verlaufen, systematisch ab, und fand uns nach kurzer Zeit.
Tatsächlich, es war der Geweihte, auf den er am Morgen schoß. Großvater freute sich sichtlich. Mit gekonnten Handgriffen erledigte er die rote Arbeit. Aufgebrochen, daher bedeutend leichter, konnte der Wildkörper von den drei Männern auf den von Mutter zuvor mit Kiefernzweigen ausgelegten Wagen geladen werden.

Aufmerksam lauschten wir, als Großvater erzählte, wie sich alles zutrug:
Er setzte sich in aller Frühe an der Eldenburger Grenze in einem Kiefernaltholz auf Wildschweine an. Auf einmal tauchte zwischen der Naturverjüngung ein Stück Rotwild auf. Schon auf den ersten Blick erkannte Großvater, daß da ein sehr alter Hirsch mit stark zurückgesetztem Geweih auf ihn zu zog. „Darf ich den überhaupt erlegen?" fragte er sich.
Damals war der Rotwildbestand in der Kiefernheide noch relativ gering. Er erholte sich erst langsam von den Folgen der Nachkriegszeit. Aber dieser Geweihte erlebte und überlebte den Krieg und würde bestimmt bald eines natürlichen Todes sterben. Groß-

... Schon auf den ersten Blick erkannte Großvater,
daß da ein sehr alter Hirsch
mit stark zurückgesetztem Geweih auf ihn zu zog ...

vater entschloß sich, den Greisen zu erlegen. Um einen sicheren Schuß anbringen zu können, mußte er ihn auf ca. fünfzig Meter heranlassen. Das Jagdfieber ergriff Großvater, die Aufregung stieg. Noch nie in seinem Leben konnte er einen Rothirsch zur Strecke bringen. Und dann plötzlich diese Begegnung - gleich so eine Abnormität! Als er dann auf Schußentfernung kurz verhoffte, zielte Großvater und ließ den Brennecke fliegen. Der Hirsch brach im Feuer zusammen, zuckte noch ein paar Mal und bewegte sich dann nicht mehr. Um die Aufregung ein wenig abklingen zu lassen, zündete sich Großvater eine Zigarre an. Als er danach wieder aufblickte, sah er den Geweihten gerade noch zwischen der Naturverjüngung verschwinden. „Mir fiel vor Schreck die Zigarre aus dem Mund", erzählte Großvater. „So etwas mußte mir, einem erfahrenen Jäger passieren."
Anderen Weidgenossen gab er immer den Rat: Vorsicht, wenn das Stück Wild im Feuer liegt, es könnte nur gekrellt sein! Sofort ranlaufen und wenn nötig noch einen Fangschuß geben!
Diesmal beachtete er diese alte Regel selbst nicht und wurde dafür hart bestraft. Am Anschuß fand er zwar etwas Schweiß, aber der ließ schnell nach. Ohne Hund war die Nachsuche nicht zu machen. „Vielleicht ist es auch günstig, den Hirsch in seinem Wundbett erst einmal richtig krank werden zu lassen", tröstete Großvater sich. Außerdem saß ihm der Jagdtermin in Neu-Göhren im Nacken. Er sollte für mehrere Weidgenossen die Waffen mitbringen. Ohne ihn konnte man mit der Jagd nicht beginnen.

Der Hirsch zog, wie sich nun zeigte, noch gute 500 Meter und brach dann in der Fluchtfährte zusammen. Die Pilzsucher ersparten Großvater durch ihren Fund eine komplizierte Nachsuche.

Mutter und ich fuhren mit dem Geweihten nach Hause. Eine so romantische Abschiedsfahrt durch Großvaters Jagdgebiet bekam nicht jeder Hirsch. Als wir auf den Hof in Groß-Schmölen einbogen, liefen schon die ersten Nachbarn herbei. Bald darauf hatte sich das halbe Dorf versammelt. War das ein Wundern und Staunen! Kaum einer der Dorfbewohner sah schon mal einen Rothirsch in freier Wildbahn.

Das Wildbret wurde anschließend zum Bahnhof nach Dömitz gebracht. Wildsammelstellen und Kühlzellen gab es damals noch nicht. Von dort ging es dann mit dem nächsten Zug per Expreß nach Ludwigslust zum Schlachthof.

In den nächsten Tagen besuchten uns fast alle namhaften Jäger der Umgebung und sahen sich die Trophäe an. Sie schätzten das Alter des Hirsches anhand des Zahnabschliffs am Unterkiefer auf ca. siebzehn bis achtzehn Jahre.

7. Die Treibertaufe

Mit zehn Jahren durfte ich zum ersten Mal an einer großen Treibjagd im Forstrevier Grittel teilnehmen. Ich ging Großvater so lange auf den Geist, bis er endlich zustimmte. Da er vor der Jagd noch die Waffen aus dem Waffenstützpunkt holen mußte und auf seinem Moped SR 1, einem Einsitzer vom Fahrzeugwerk Simson Suhl, sowieso kein Platz für mich war, sollte ich mich mit Opa Schwebke in Polz treffen und gemeinsam mit ihm nach Grittel fahren. Großvater hoffte wohl, daß ich diese Strapaze nicht auf mich nehmen würde, aber da unterschätzte er meinen Ehrgeiz gewaltig.

Auf der Fahrt nach Polz mußte ich meine ersten Mutproben bestehen. Am Tage fuhr ich den Weg regelmäßig zur Schule, aber in der Dunkelheit sah alles ganz anders aus. Aus den kleinen geduckten Kiefern am Wegesrand, deren Äste sich im Wind bewegten, wurden plötzlich Gespenster, und ein vergessener Strohballen sah in meiner kindlichen Phantasie wie ein großes gefährliches Wildschwein aus. Ich biß die Zähne zusammen und traf pünktlich bei Opa Schwebke in Polz ein. Ein Hund in der Nachbarschaft meldete lauthals meine Ankunft.
Wir fuhren mit dem Fahrrad den Polzer-Grittler-Weg entlang. Ungefähr einen Kilometer vor unserem Ziel wurde der unbefestigte Waldweg so schlecht, daß wir uns entschlossen, unsere Fahrräder im Wald zuverstecken und zu Fuß weiter zu gehen. Als wir in Grittel ankamen, standen schon viele Jäger und Treiber in Gruppen um ein großes Lagerfeuer und unterhielten sich angeregt. Opa Schwebke wurde von allen sehr freundlich begrüßt. Er schien jeden zu kennen. Ich gab ebenfalls allen Anwesenden die Hand, und ein Witzbold fragte Opa Schwebke: „Ist das dein Lehrling?" „Der gehört zu Fritz Evermann aus Groß-Schmölen", antwortete er.
Ich staunte über die Ausrüstung der Treiber. Fast alle trugen irgendwelche Knüppel. Bei einigen hingen lange Messer an den Gürteln und zwei Treiber brachten sogar einen Sauspieß mit. Ihre

alten abgewetzten Jacken und Gummimäntel beeindruckten mich noch weit mehr. So stellte ich mir in meiner kindlichen Phantasie immer die Garderobe einer Räuberbande vor.
Genau so eine bunte Gesellschaft bildeten auch die Jagdhunde. Viele konnte ich keiner Rasse zuordnen. Die reinrassigen Jagdhunde waren durch die Kriegs- und Nachkriegswirren rar.

Herr Weinert, der Revierförster von Grittel, forderte alle Teilnehmer der Jagd auf, anzutreten. Ich stellte mich auf die Seite der Treiber und achtete sehr genau auf seine Worte. Nach der offiziellen Begrüßung gab er das zu erlegende Wild bekannt. Dann folgte eine kurze Sicherheitsbelehrung. Bei der Bemerkung, daß Treiber und Hunde heute nicht zum Abschuß freigegeben sind, mußten alle lachen. Insgesamt sollten drei große Treiben durchgeführt werden. Er nannte die Schützengruppen und ihre Anführer und wünschte zum Schluß allen Weidmännern ein kräftiges "Weidmannsheil" und allen Treibern viel Spaß.

Ich blieb beim Treiben natürlich in der Nachbarschaft von Opa Schwebke. Alles war militärisch durchorganisiert. Die Schützen wurden mit Pferdewagen ausgefahren und umstellten das durchzutreibende Waldgebiet. Wir Treiber reihten uns in Abständen von zehn bis fünfzehn Metern auf und versuchten mit Unterstützung der Hunde, das Wild vor die Schützen zu treiben. Dabei hielten wir immer Rufkontakt zu den Nachbarn und bemühten uns, in einer geschlossenen Front voranzugehen. Das Wild wußte sehr genau, was ihm außerhalb der Dickung blühte. Es versuchte immer wieder durch die Treiberkette durchzubrechen, um im rückwärtigen Raum das Ende der Jagd abzuwarten. Wir versuchten solche Durchbrüche zwar mit viel Geschrei zu verhindern, aber in den dichten Kiefernschonungen besaßen wir kaum eine Chance. Viel hing auch von den eingesetzten Hunden ab. Aber auch sie wurden von den Wildtieren geschickt ausgetrickst. Auf den Schneisen und Rückewegen blieben wir Treiber stehen, richteten uns notfalls neu aus und überprüften, ob auch kein Nachbar verlorenging. Erst wenn Opa Schwebke, der in unserer Gruppe das Oberkommando hatte, ein Zeichen gab, gingen alle Treiber weiter. Wenn es um uns herum kräftig knallte, vergaßen wir unsere Mühen. Großvater Evermann schoß gleich im ersten Treiben zwei Stücke Schwarzwild. Ich war mächtig stolz auf ihn.

Im zweiten Treiben wechselte eine Rotte Sauen zwischen zwei Kiefernreihen genau auf mich zu. Ich versuchte, schnell in die benachbarte Reihe zu gelangen, aber das dichte Astgeflecht gab nicht nach, hielt mich regelrecht fest. Ein Zusammenstoß schien unausweichlich. Erst im letzten Moment bahnte sich die Bache unmittelbar vor mir mit ihrem starken Gebrech einen Weg in die benachbarte Reihe. Sie schaffte es fast mühelos. Die fünf Frischlinge folgten ihr wie an einer Perlenschnur.

Nach diesem Erlebnis war mir doch ein wenig mulmig. Mir zitterten die Knie. Ich mochte gar nicht daran denken, was passiert wäre, wenn die Wildschweine mich umgelaufen hätten. Ich ließ mir aber nichts anmerken und hielt bis zum Ende der Jagd durch.

An die Größe der Strecke kann ich mich nicht mehr genau erinnern. Ausgelassen und fröhlich wurde der Jagderfolg gefeiert. Jagdneid schien es damals noch nicht zu geben. Otto Warnk aus Neu-Kalliß wurde Schützenkönig. In seinem Trinkspruch lobte er die Treiber.

Zwei Stücken Rotwild wurden gleich an Ort und Stelle zerlegt und an die Treiber verteilt. Auch ich bekam eine Portion Wildbret. Erst am späten Nachmittag fuhren Opa Schwebke und ich nach Hause zurück.

Glücklich überstand ich meine "Treibertaufe", die beinahe als Raufe endete. Stolz überreichte ich Mutter meine erste "Jagdbeute".

8. Der Fuchsschwanz

Großvater fing jedes Jahr im Winter Füchse, Marder und Iltisse. Ihre Bälge zog er vorsichtig ab und spannte sie zum Trocknen auf ein speziell zugeschnittenes Brett. Im Frühjahr verkaufte er sie dann an den Pelzhändler. Ich schaute ihm oft bei der Arbeit zu und fand daran auch nichts Schlechtes.
Schon unsere Vorfahren nutzten die Felle der Tiere für ihre Kleidung, und eine Besiedlung der kälteren Teile unserer Erde wäre ohne sie gar nicht möglich gewesen.
Großvater ersetzte ja nur die fehlenden natürlichen Feinde dieser Pelztiere und schöpfte die überzähligen ab. Die Herstellung künstlicher Pelze ist für unsere Umwelt viel schädlicher. Nicht nur, daß für ihre Produktion viel Energie und Erdöl notwendig sind; wenn sie anschließend unbrauchbar oder unmodern auf dem Müll landen, verfaulen sie nicht mal. Die echten Pelze dagegen gehen ohne Probleme wieder in den Stoffkreislauf der Natur ein.

Es ist gar nicht so leicht, einen Fuchs oder Marder zu fangen. Man muß schon die Lebensweise der Tiere genau kennen. Großvater stellte die Tellereisen gut getarnt, mit Vorliebe an Gräben und Knicks auf. Kaum ein Paß oder Schleichweg der Raubtiere blieb seinen geübten Augen verborgen. Aussichtsreiche Fangplätze waren aber auch frischgezogene Feldfurchen und alte versteckte Grabendurchlässe. An so einem Durchlaß an der Groß-Schmölener - Polzer Grenze in der Nähe des Floßgrabens fing er in einem Winter vier Füchse, zwei Marder und acht Iltisse.
Manchmal versuchte Großvater auch, die Marder mit kleinen Leckerbissen in die Falle zu locken. Dazu spannte er zwischen zwei benachbarten Bäumen einen dünnen Draht und hing Fisch oder Hühnerdärme daran auf. Genau darunter wurde dann die Falle gestellt. Wollte der Marder an die Nahrung heran, geriet er mit Sicherheit hinein. Um den Tieren unnötige Qualen zu ersparen, kontrollierte Großvater die Fallen jeden Morgen.

An einem Sonntag, in der Ranzzeit der Füchse, kam er aufgeregt nach Hause. Ein Fuchs war mit einer seiner besten Fallen verschwunden. Weit konnte er eigentlich mit der durch Kette und Anker gesicherten Falle nicht gekommen sein. Großvater holte Giesa und Loni, unsere beiden Jagdhunde, und wollte gleich die Nachsuche aufnehmen. Marita, Karl-Heinz und ich fragten ihn, ob wir mitgehen dürften. Er stimmte sofort zu, und so marschierten wir zu viert mit den beiden Jagdhunden los. Giesa und Loni gerieten außer Rand und Band. Mit so einem großen "Rudel" gingen sie schon lange nicht mehr auf die Jagd.
Über Nacht fielen ungefähr zwei Zentimeter Neuschnee. Die dunklen Wolken verzogen sich zwischenzeitlich aber schon wieder fast vollständig. Die Sonne schaute hindurch und ließ die Schneekristalle wie Diamanten funkeln. Ein überragendes Bild, ein Teppich aus funkelnden Edelsteinen.

Als wir in die Nähe des Fangplatzes kamen, sahen wir im Schnee eine Schleppspur und einige Tröpfchen Blut oder Schweiß, wie der Jäger sagt. Die Hunde schnupperten ganz aufgeregt, und Großvater mußte sie mehrmals ermahnen, sonst hätten sie gleich wie die geölten Blitze die Verfolgung aufgenommen. Wir verzichteten darauf, den Fangplatz noch einmal genauer zu untersuchen, was sich bald als großer Fehler herausstellen sollte und folgten der Fährte. Bestimmt würde der Fuchs mit der Falle im nächsten Graben festsitzen. Aber unsere Annahme erfüllte sich nicht. „Das muß ja ein ganz starker Fuchs sein", meinte Marita. Auch Großvater runzelte die Stirn. „Komisch ist das schon", sagte er. „Vielleicht verhindert der Frost das Eindringen des Ankers in den Boden." Den Spuren nach durchquerte der Fuchs auch den nächsten Graben noch erfolgreich.
Die Sonne schien dem Fuchs helfen zu wollen und ließ die dünne Schneedecke unter ihren warmen Strahlen zusehends schrumpfen. Wir konnten von der Fährte kaum noch etwas erkennen und legten daher einen Schritt zu. Die Spur führte genau in Richtung des großen Eichenbergs, einer Waldinsel zwischen Polz und Groß-Schmölen, und ehe wir uns versahen, verschwand Loni in einer Kiefernschonung. Großvater pfiff, aber Loni hörte nicht. Der Jagdeifer packte sie. Wir leinten Giesa an und krochen eben-

falls in die Dickung. Nach ungefähr fünfzehn Metern standen wir vor einem Fuchsbau. Die Schleifspur führte in eine der Röhren und Loni setzte die Verfolgung des Fuchses bereits unter Tage fort. Ihr Eifer war verständlich, denn die Foxterrierrasse züchtete man ursprünglich speziell für die Baujagd. Ab und zu hörten wir ein dumpfes Bellen. Alle Versuche, Loni herauszulocken, mißlangen.

Der Fuchsbau existierte noch nicht all zu lange. Die Füchse erweiterten für ihre Zwecke einen Kaninchenbau und wollten, wie es aussah, in diesem Jahr ihre Jungen hier aufziehen. „Vielleicht können wir den Bau ausgraben", sagte Karl-Heinz. Großvater erklärte sich einverstanden. Ob es ihm dabei nun um Loni oder um die Falle ging, konnte ich nicht so genau heraushören. Egal, einen Fuchsbau auszugraben, war keine alltägliche Sache und reizte uns Kinder natürlich besonders. Marita und ich gingen nach Groß-Schmölen zurück und holten zwei Spaten, eine Axt und eine Säge. Als wir ungefähr die Hälfte des Baus freigelegt hatten, kam Loni freudestrahlend zum Vorschein. Ihr lockiges Fell saß voller gelbem Sand. Sie schüttelte sich und, nachdem sie sich überzeugte, daß wir fleißig am Bau arbeiteten, verschwand sie wieder darin. Karl-Heinz beförderte kurz darauf beim Graben einen halben Hasen zu Tage. „Diese Bande", schimpfte Großvater, „frißt uns noch die letzten Hasen auf!" Loni zeigte uns, in welcher Röhre der Fuchs saß. Die Röhre ging immer tiefer in die Erde hinein, aber noch war der Grundwasserspiegel nicht erreicht. In den Grabungspausen unterstützte uns Loni durch Kratzen und zerrte wie wild an den störenden Wurzeln. Als ich wieder mit dem Graben beginnen wollte, griff ich in Lonis Lockenpracht, um sie aus der Röhre zu ziehen. Nur mit Widerwillen gab sie nach. „Doch was war das?" Fest im Fang hielt sie einen Fuchsschwanz! Wir sahen uns alle staunend an. Mit einigen Spatenstichen legte ich den halbtoten Fuchs in der Röhre frei und beförderte ihn für immer in den Fuchshimmel. „Aber wo war die Falle?" An der zertrümmerten Vorderpfote hing sie nicht! Ich stocherte mit dem Spaten in der Röhre umher und erwartete Eisen, aber plötzlich federte der Spaten erneut auf etwas Weiches. „Hier scheint ein zweiter Fuchs in der Röhre zu sein", sagte ich ganz aufgeregt. Tatsächlich, ein zweiter toter Fuchs kam zu Vorschein.

Wahrscheinlich drängte der Hund ihn in die Enge, wo er dann unter dem heruntergefallenen Sand erstickte. Nun lagen hier zwei Füchse, doch noch immer keine Falle. Beiden Füchsen, einer Fähe und einem Rüden, ließ die Natur ein wunderbar weiches und dichtes Winterfell wachsen. Nur die abgestreifte Lunte entstellte den Rüden ein wenig.

Wir sammelten unser Werkzeug zusammen und zogen mit unserer Beute nach Hause. Großvater verständigte den Tierarzt, der beide Füchse vorsichtshalber auf Tollwut untersuchte. Da sie aber völlig gesund aussahen, rechnete keiner mit Folgen.

„Wo aber war die Falle?" Großvater und ich fuhren noch einmal zum Fangplatz zurück. Wie es aussah, wälzte der Fuchs im Kampf mit der Falle das trockene Gras großflächig nieder und zerbiß in seiner Wut und Verzweiflung eine benachbarte junge Eiche völlig. Ich entdeckte die Falle unter einem zusammengedrehten Grashaufen. Großvater übersah sie am Morgen. Der eine Metallbügel war aus der Verankerung gesprungen und gab somit den Fuchs frei. Die Schleifspur, die wir bei unserer Suche im Schnee fanden, rührte demnach nur vom kranken Lauf. Großvater meinte: „Wenn ich gleich richtig nachgesehen hätte, wäre uns das ganze Theater erspart geblieben." Andererseits brachte uns der Tag neben der Arbeit und Aufregung zwei stramme Füchse. Aber das dicke Ende sollte ja noch kommen.

Das Kreisveterinäramt rief an und teilte Großvater mit, daß beide Füchse den lebensgefährlichen Tollwuterreger in sich trugen. Die Anweisung lautete: Die beteiligten Personen sind gegen Tollwut zu impfen, und der Hund ist zu erschießen.

Die ganze Familie geriet in helle Aufregung. Immerhin betraf es vier von neun Familienangehörigen. Die Tollwutschutzimpfung war damals noch eine sehr schmerzhafte Tortur, die ein Infizierter in drei zeitlich gestaffelten Abständen in die Bauchnabelgegend verabreicht bekam. Keiner von uns wollte sie freiwillig über sich ergehen lassen.

Großvater fuhr noch am gleichen Tag nach Ludwigslust und sprach persönlich mit dem Kreistierarzt. Er schilderte ihm noch einmal den Vorgang. Die Füchse bissen uns doch nicht, wir berührten sie ja nicht einmal. Die Möglichkeit der Tollwutübertragung war unwahrscheinlich, da die Infizierung in der Regel nur über offene Wunden beziehungsweise über die Schleimhäute erfolgt. So kamen wir noch einmal mit dem blauen Auge davon. Ein komisches Gefühl in der Magengegend verließ mich aber erst Wochen danach, als sich abzeichnete, daß keiner von uns tollwütig wurde. Gott sei dank!

Auch Loni entging der amtlich angeordneten Erschießung. Da sie eine sehr gute Jagdhündin war, ließ sich der Kreistierarzt auf eine dreimonatige Quarantäne ein. Die ganze Zeit mußte Loni einsam in einer Ecke unseres Holzschuppens sitzen. Keiner durfte sie berühren. Jedes Mal wenn sie Futter bekam, sahen uns ihre braunen, treuen Augen unsagbar traurig an. Unsere Ausführungen über die Tollwut verstand sie nicht.
Nach zwölf Wochen stand fest, auch sie steckte sich bei unserer Fallenaktion nicht an. Als ich sie aus ihrem "Gefängnis" befreite, waren alle überglücklich, am meisten allerdings Loni. Zwölf Wochen unverständliche "Bestrafung" für eine so erfolgreiche Jagd, für einen Hund, der doch sein Bestes gab, nicht zu begreifen, wie auch.

9. Der Wiedehopf

Nach dem Mauerbau, am 13. August 1961 in Berlin, war die Teilung Deutschlands für Jahrzehnte besiegelt. Entlang der gesamten innerdeutschen Grenze entstanden auf Beschluß der Staatsführung der DDR Fünfhundertmeter- und Fünfkilometersperrgebiete, die aus geographischen Gründen auch bedeutend breiter sein konnten. Die Rechte der dort lebenden Bevölkerung schränkte man dadurch sehr stark ein. In den ersten Jahren wurden unliebsame Bewohner ohne viel Federlesen ausgesiedelt und von Haus und Hof vertrieben. Auch der Bruder meines Großvaters, Johannes Evermann und seine Frau Else aus Lenzen, traf dieses Los. Sie erfreuten sich bei uns Kindern großer Beliebtheit und wir verstanden die Welt nicht mehr. Neider bezichtigten sie damals staatsfeindlicher Äußerungen. Es gab Zeiten, da wurden fast keine Besucher von "Außerhalb" in das Sperrgebiet gelassen, schon gar nicht, wenn sie aus der BRD kamen.
Die Jagd übten im Fünfhundertmetersperrgebiet ausschließlich Angehörige der Grenztruppen der ehemaligen DDR aus. Die Einzeljagd war nicht erlaubt. Aus Sicherheitsgründen mußten immer zwei Jäger gemeinsam zur Jagd gehen. Schonzeiten für das Wild gab es nicht.

Groß-Schmölen blieb bis 1974 im Fünfkilometersperrgebiet. Die Jagd durften in dieser zweiten Sicherheitszone an festgelegten Tagen nur ortsansässige Jäger ausüben. Die Jagdwaffen mußten außerhalb des Sperrgebietes gelagert werden. Die Waffen des Jagdgebietes Groß-Schmölen befanden sich in der Revierförsterei Alt-Kaliß und nach deren Auflösung dann in der acht Kilometer entfernten Revierförsterei Neu-Göhren. Die Jäger holten die Waffen dort täglich vor der Jagd ab und brachten sie anschließend wieder zurück. Das erwies sich als enormer zusätzlicher Zeitaufwand und eine fast unzumutbare Belastung für die Revierförster und ihre Familien. Bei Wind und Wetter fuhr Großvater oft zweimal täglich diese Strecke mit seinem Moped. Ein Auto konnte er sich zwar leisten, aber verpaßte ein rechtzeitiges

Anmelden. Die Wartezeiten auf ein Auto betrugen ja zehn Jahre und länger. Später, im höheren Alter, traute er sich das Autofahren nicht mehr zu. „Mein Moped ist geländegängiger", tröstete er sich. Der Weg von Alt-Kaliß nach Neu-Göhren, der am Reuterstein vorbeiführt, wurde erst Anfang der achtziger Jahre ausgebaut. Bis dahin ließ sich der Landweg bei schlechtem Wetter selbst mit dem Moped kaum befahren. Einmal überfielen Großvater zwei zwielichtige Gestalten. Zum Glück konnte er mit den Waffen ins dichte Unterholz flüchten. Sein Moped aber verbrannten die Ganoven. Die Täter wurden schnell ermittelt und verurteilt. Ein "Untertauchen" erwies sich zu damaliger Zeit für sehr schwierig; da wir ja "umzäunt" waren, beschränkte sich der Fahndungsraum entsprechend.

Als Hans Siehl, ein alteingesessener Bauer aus Groß-Schmölen, seine baufällige strohgedeckte Scheune abriß, wußte er mit seinem dort abgestellten alten fahrbaren Dreschkasten nicht mehr wohin. Das Getreide ernteten schon seit Jahren die Mähdrescher und machten so die alte Technik überflüssig. Großvater kam auf die Idee, den Dreschkasten zu einem Wohnwagen umzubauen und für die Jagd zu nutzen. Der Dreschkasten besaß ein stabiles Fahrwerk mit Eisenrädern und bestand größtenteils aus gespunteten Brettern, die sich in der ehemaligen DDR kaum beschaffen ließen. So kam es, daß dieses "Geschütz" eines Tages bei uns auf dem Hof stand. Immer, wenn Wetter und Zeit es zuließen, wurde der Dreschkasten vorsichtig Stück für Stück auseinandergenommen. Danach begann der Aufbau des Wohnwagens. Nach fast eineinhalb Jahren Arbeit stand das Werk vollendet vor uns. Die schlichte und einfache Innenausstattung bildeten zwei Betten, ein kleiner Tisch und zwei Stühle. Wohlige Wärme spendete, wenn nötig, ein alter gußeiserner Ofen, den Großvater von Walter Schmädt aus Groß-Schmölen erhielt. Die "Luxusunterkunft" entstand fast vollständig aus alten Materialien.
Der Wohnwagen fand seinen Standort am alten Polzer Flugplatz außerhalb des Sperrgebietes. In den kurzen Sommernächten, oder im Winter bei Mondschein leistete er uns gute Dienste. Wir brauchten so die Waffen nachts nicht wegzuschaffen und ersparten uns dadurch unnötige Fahrerei.

... Das zweite Mal in meinem Leben sah ich in Mecklenburg einen Wiedehopf ...

Während der Krise in der CSSR 1968 bezogen die Russen mit ihren Panzern in der Nähe von Polz Stellung und richteten, ohne zu fragen, in unserem Wohnwagen ihre Kommandeursunterkunft ein. Nach ihrem Abzug mußten wir ihn erst einmal gründlich reinigen und lüften. Noch wochenlang roch es nach russischem Machorka.

Nach Auflösung des Sperrgebietes 1974 nutzte kaum noch jemand den Wohnwagen. Als ich eines Tages dort vorbeifuhr, um nach dem Rechten zu sehen, nistete ein Wiedehopfpärchen im Ofenrohr. Der senkrechte Teil davon verschwand schon vor längerer Zeit. Erfreut zog ich mich diskret zurück. Das zweite Mal in meinem Leben sah ich in Mecklenburg einen Wiedehopf. Diese drosselgroßen, rötlichbraunen Vögel, mit einem langen, leicht abwärts gebogenen Schnabel und aufrichtbarer Federholle, sind schon etwas Besonderes in unserer Vogelwelt. Einige Wochen später beobachtete ich die beiden Altvögel mit ihren flügge gewordenen vier Jungen ganz in der Nähe bei einem ausgedehnten Sandbad.

Den ersten Wiedehopf bestaunte ich als Kindergartenkind. Er kam mir damals wie ein Exot vor, und ich wollte kaum glauben, daß er in unseren Breiten brütete. Unsere Kindergärtnerinnen, Frau Uschi Leist und Frau Elsbet Kempe, zwei engagierte Frauen mit einem großen Herz für Kinder, gingen oft mit uns im Wald spazieren und weckten unser Interesse für die Natur. Auf einem Spaziergang an der Groß-Schmölener Brack, einem kleinen aber sehr tiefen Waldsee, der 1888 bei Elbhochwasser durch einen Deichbruch entstand, machten wir eine sehr traurige Entdeckung. In einem kaum sichtbaren Fischernetz, das zum Trocknen zwischen den Bäumen hing, verfingen sich ein Wiedehopf und eine Drossel. Die Vögel hingen darin, von den vielen Versuchen sich zu befreien, ganz ermattet, und ihr Federkleid war zerzaust. Bestimmt nisteten sie ganz in der Nähe, und die Vogelkinder würden schon sehnsüchtig auf die Rückkehr ihrer Mutter oder ihres Vaters warten. Vorsichtig versuchten wir, die Gefangenen aus dem Netz zu befreien. Alle wollten mit anpacken. Ohne Schere ging das aber gar nicht so einfach. Das Netz bestand aus hochwertigem Garn. Nach einer halben Stunde konnten wir zu unser aller Freude die beiden Tiere wieder in die Freiheit entlassen. Zwei sehr große Löcher "zierten" nun das Netz. Damit sich nicht noch mehr Vögel dort verfangen konnten, nahmen wir es ab und warfen es in den am Ufer stehenden Kahn. Er gehörte Gustav Hinz aus Groß-Schmölen, der die Brack zum Fischen pachtete. Seine Unachtsamkeit kostete beinahe den beiden Tieren und ihren Jungen das Leben. Den traurigen Anblick konnte ich lange nicht vergessen.

10. Die Jungfüchse vom Sprengplatz

Im Frühjahr, wenn das erste Grün zu sprießen begann, hielt ich es als Kind zu Hause nicht mehr aus. Auf meinen ausgedehnten Streifzügen durch die Felder und Wälder unseres Dorfes gab es immer etwas Neues zu entdecken. Der vielstimmige Gesang der Vögel begleitete mich und wenn mir so war, stimmte ich selber ein lustiges Lied an. Es tat gut, die alte verbrauchte und muffige Winterluft in meinen Lungen gegen die Frische des Frühlings auszutauschen. Sie weckte in mir neuen Tatendrang und Lebensfreude.

Ich kontrollierte gemeinsam mit meinem Bruder Karl-Heinz alle Fuchsbaue in Großvaters Revier. Der Fuchsbestand mußte wegen der anhaltenden Tollwut unter strenger Kontrolle gehalten werden. Die Füchse schienen den Sprengplatz in der Nähe der Groß-Schmölener Brack zu lieben. Das kupierte Waldgebiet ging teilweise aus dichter Naturverjüngung hervor und trug an anderer Stelle fast Heidecharakter. Dort gab es steile Abhänge und Wasserlöcher.
Er hieß Sprengplatz, weil hier vor dem 2. Weltkrieg Munition aus der nahegelegenen Dömitzer Munitionsfabrik getestet wurde. Nach 1945 sprengten die Russen alle Versuchsanlagen.
Für uns Kinder steckten die verbliebenen Ruinen noch immer voller Geheimnisse. Der Beton war kaum verwittert und die Eisenbewährung hielt noch immer viele Teile zusammen. An einer Stelle lag ein zerstörter Fensterflügel, dessen Glas eine Stärke von zehn Zentimetern aufwies. Für die Eidechsen und anderes Kleingetier bildeten die Steinwüsten einen idealen Lebensraum. Aber es gab noch andere Kriegswunden in diesem Wald. Große runde und tiefe Trichter zeugten von gewaltigen Sprengungen. In der Nähe einiger Sprenglöcher bogen sich die Kiefern säbelförmig. Die gewaltigen Druckwellen zeichneten die noch jungen Bäume für ihr ganzes Leben. Großmutter erzählte uns Kindern oft von der harten Zeit unmittelbar nach dem Krieg. Jedesmal, wenn die Russen eine große Ladung Munition, die sie per Lkw

aus der Dömitzer Munitionsfabrik herbeischafften, in die Luft jagten, deckte die Druckwelle in Groß-Schmölen teilweise die Dächer ab und zerstörte Fensterscheiben. Die Menschen verzweifelten. Jeder Hausbesitzer weiß, was ein zerstörtes Dach für ein Haus bedeutet. Um die Russen umzustimmen, schickten die Dorfbewohner den Bürgermeister Gustav Hinz mit einem großen Korb voller Eier und Wurst, Sachen, die sie sich in dieser mageren Zeit vom Mund absparten, zum russischen Kommandanten. Er sollte ihn bitten, kleinere Ladungen zu nehmen. Der Bürgermeister konnte sein Anliegen auch vortragen und die Geschenke wurden angenommen, aber wieder zu Hause angekommen, detonierte zum Dank eine besonders große Ladung.

Alle uns bekannten Fuchsbaue am Sprengplatz waren nicht besetzt. Das gab es noch nie. „Nicht, daß sie sich einen neuen Bau angelegt haben", meinte Karl-Heinz. Wir suchten das gesamte Gebiet noch einmal gründlich ab und wurden dann doch fündig. Die Füchse gruben sich ihr neues Zuhause in die Steilwand eines Sprengloches. In der Nähe des Baus lag ein buntes Durcheinander von Nahrungsresten. Wir fanden Federn und andere "Ersatzteile" von Hühnern, Gänsen und Wildenten, abgenagte Knochen und Fellreste von Rehkitzen, Frischlingen und Bisamratten, sogar Fische verspeisten sie. Ein solches Chaos trafen wir nie zuvor vor einem Fuchsbau an. Ich mußte an Mutter denken, die unser unaufgeräumtes Kinderzimmer manchmal mit einem "Schweinestall" verglich, dabei herrschte bei unseren Schweinen im Stall immer Ordnung. Der Vergleich mit diesem Fuchsbau wäre da viel passender.
Großvater entschloß sich, vor den beiden Eingangsröhren Tellereisen aufzustellen. Für einen längeren Ansitz mit der Flinte fehlte ihm in den Tagen die Zeit, und er wollte wenigstens ein oder zwei Jungfüchse wegfangen. Mehrere Hühnerhalter aus Groß-Schmölen beschwerten sich schon bei ihm wegen des vielen verschwundenen Federviehs. Er mußte unbedingt etwas unternehmen.
Über Nacht verschwand eine der Fallen. Der Fuchs zog sie anscheinend trotz eines Ankers mit in die Röhre. Nun war guter Rat teuer. Karl-Heinz und ich schlugen Großvater vor, den Bau

... Die Füchse gruben sich ihr neues Zuhause in die Steilwand eines Sprenglochens ...

auszugraben, denn die Bauanlage schien nicht allzu groß zu sein. Großvater wollte zuerst nicht einwilligen, tat es aber dann doch. Wir begannen unsere Ausgrabungen. Mit einem langen Stock erkundeten wir den unterirdischen Verlauf der Bauanlage und gruben dann in Abständen von ca. zwei Metern Kontrollschächte hinunter. Die Röhre ging immer tiefer in die Erde hinein. Karl-Heinz und ich wechselten uns beim Graben ab. Nach ungefähr acht Metern stießen wir auf etwas Weiches. Siehe da, ein Jungfuchs kam zum Vorschein! Er saß mit der rechten Vorderpfote im Tellereisen fest. Ein gezielter Schlag mit dem Spaten machte seinem Leben schnell ein Ende. Das Ausgraben der zweiten Röhre, die mit der ersten erstaunlicherweise nicht in Verbindung stand, gestaltete sich schwieriger. Baumwurzeln erschwerten uns immer wieder die Arbeit, doch dann wurden wir auch hier fündig. Kurz hintereinander erbeuteten wir vier weitere Jungfüchse. Wir schienen das Ende der Röhre erreicht zu haben. Fünf Jungfüchse waren ja schon eine stattliche Anzahl.

Wir packten schon alles zusammen und wollten nach Hause gehen, als ich noch einmal in das Loch kletterte. Ich wollte mir den Kessel noch einmal genauer ansehen. Als ich mich an die Lichtverhältnisse unter Tage gewöhnte, entdeckte ich zu meiner Überraschung, daß von dem "Fuchswohnzimmer" noch eine Röhre rechtwinklig abging. Da mußte ja unser Erkundungsstock versagen. Ich ließ mir von Karl-Heinz noch einmal den Spaten geben und begann die Röhre freizulegen. Wir trauten unseren Augen nicht, als noch vier weitere Jungfüchse zum Vorschein kamen. Die neun schienen der Größe nach alle aus einem Geheck zu stammen. Daß eine Fähe so viele Welpen haben konnte, hielt ich bisher nicht für möglich. Nun war mir auch klar, warum so viele Nahrungsreste vor dem Bau lagen und der Fuchsbestand trotz scharfer Bejagung nicht abnahm.

Stolz zogen wir nach Hause.
„Da wird sich Friedrich Lüdemann aber freuen", meinte Großvater. „Ihm holte der Fuchs in den letzten Wochen sechzehn Hühner weg."

11. Kleine Frischlinge im August

Der Umgang mit Tieren, ihre Pflege und Zucht faszinierten mich schon als Kind. In meinen Träumen sah ich mich oft als Tierpfleger oder gar als Chef eines Tierparks. Ich verpaßte keine Tiersendung im Fernsehen und konnte mich stundenlang in einem Zoo umhertreiben. Gastierte ein Zirkus in der Nähe, hielt mich nichts. Es waren große Ferien. Wir Kinder saßen am Frühstückstisch, als plötzlich das Telefon klingelte. Großvater kam aus seiner Schusterwerkstatt und schlurfte mit seinen Filzpantoffeln den Flur entlang. Dieses typische Geräusch kannte jeder Hausbewohner. Als er den Hörer abnahm, spitzte ich die Ohren. Es ging um eine Bache mit kleinen Frischlingen, die in der Nähe von Polz den Ablauf der Erntearbeiten störte. Großvater versprach, sofort zu kommen und das Problem zu lösen. Ich schob meinen Teller mit der restlichen Milchsuppe beiseite, eilte zu Großvater und löcherte ihn, während er seine Stiefel anzog, mit Fragen. „Was soll mit den kleinen Frischlingen passieren?" wollte ich wissen. Genaueres konnte er mir auch nicht sagen. Er erlaubte mir aber mitzukommen. Als er aus dem Haus kam, saß ich schon auf meinem Fahrrad und sauste vom Hof. Ich wollte auf alle Fälle gleichzeitig mit Großvater am Ort des Geschehens eintreffen, um zu verhindern, daß unsere Jagdhunde mit den kleinen Frischlingen kurzen Prozeß machen. Vielleicht konnte ich einen Frischling fangen, mit nach Hause nehmen und großziehen. Auf so eine Gelegenheit wartete ich schon lange.

Sonst zählte ich auf dem Fahrrad- und Mopedweg immer die totgefahrenen Mäuse, Frösche und Schlangen; aber dafür hatte ich heute kein Zeit.
„Hoffentlich findest du das Feld gleich", dachte ich. Großvater wurde aus den Ortsangaben des Anrufers auch nicht hundertprozentig schlau. Die dichten Knicks an den Feldrändern versperrten mir immer wieder die Fernsicht. Als ich an der Spargelplantage der Familie Aßmann aus Polz ankam, sah ich plötzlich mehrere Erntemaschinen auf einem Feld stehen. Völlig ausgepumpt traf ich dort ein. Die Frauen, die die Getreidebunde aufhockten, standen in kleinen Gruppen zusammen und unterhielten sich. Vom Getreide stand nur noch ein schmaler Streifen von höchstens acht Metern Breite.

Nach Großvaters Eintreffen erfuhren wir vom Brigadier, daß die Bache bereits vor der Übermacht der Menschen in den nahen Wald flüchtete und ihre Frischlinge allein im Getreide zurückließ. Sie sollten höchstens eine Woche alt sein und konnten ihrer Mutter anscheinend noch nicht so schnell folgen und blieben in ihrer schutzbietenden Halmdeckung. Die Frauen befürchteten, daß die Bache zurückkommen und sie angreifen könnte. Großvater beruhigte sie. Er hielt ihre Angst für unbegründet. Giesa und Loni zogen ungeduldig an der Leine. Am liebsten wären sie gleich losgelaufen, um das Feld nach den kleinen Frischlingen abzusuchen. Zum Glück hatten einige Frauen Angst vor Hunden, und so ließ Großvater sie vorerst am Moped zurück.

Ich begann sofort in dem verbliebenen Getreidestreifen nach den Frischlingen zu suchen. Durch das viele Lagergetreide kam ich schnell voran. Plötzlich sprang vor mir ein kleiner Frischling auf und lief davon. Ich übersah ihn völlig, so gut tarnten ihn seine Streifen. Ich lief hinter ihm her, aber er konnte erstaunlich schnell laufen. Immer wenn ich dachte, „jetzt hast du ihn", entwischte er mir wieder. Der Frischling lief genau auf Großvater zu und versteckte sich vor seinen Füßen unter den Getreidehalmen. Er brauchte sich bloß zu bücken und zuzufassen und schon hielt er den zappelnden und quiekenden Frischling in der Hand. Ich rannte zu ihm und nahm ihm den kleinen Kerl ab. „War das ein süßes Wildschweinbaby!" Für mich stand sofort fest, daß ich es freiwillig nicht wieder hergeben würde. „Beruhige dich doch", sagte ich zu ihm, „bei mir bist du in Sicherheit." Der kleine Frischling, ein Keilerchen, vertrat aber eine andere Meinung und versuchte, immer wieder zu entkommen.

Kurz darauf fing Giesa, unsere Deutsch-Drahthaarhündin, einen zweiten Frischling. Zum Glück verletzte sie ihn nur wenig am linken Vorderlauf und am Ohr. Nun hielt ich in jeder Hand einen neuen Kameraden und wußte nicht wohin damit. Die Polzer Frauen kamen neugierig näher und betrachteten die Wildschweinkinder. Ursel Ohnesorge, die später von uns wegen ihrer namensgleichen Schwägerin den Zusatznamen "Die Mähdrescherfahrerin" erhielt, war besonders mutig und wollte einen der Frischlinge streicheln. Plötzlich biß dieser in ihren Arm und ließ nicht wieder los. Der Arm wurde kurze Zeit später dick, lief grün und blau an. Er entzündete sich in den darauffolgenden Tagen so stark, daß Frau Ohnesorge mehrere Wochen damit krankgeschrieben war. Die Frischlinge schienen mit der Zeit immer schwerer zu werden. Zum Glück bot mir eine der Polzer Frauen einen alten Kartoffelsack an. Froh steckte ich die beiden hinein. Nun ließen sie sich bequem transportieren. Ich hängte den Sack über den Fahrradlenker und fuhr nach Hause. Ich hatte ja, was ich wollte. Der dritte Frischling fiel der Jagdpassion der Hunde und ein vierter dem Mähbinder zum Opfer. Warum die Bache erst so spät frischte, konnte keiner sagen. Bei einem strengen Winter hätten die Frischlinge keine Überlebenschance besessen.

Als ich zu Hause ankam, versetzte ich meine Geschwister in helle Aufregung. Jeder wollte die Frischlinge sehen und streicheln. Die aber saßen ganz verängstigt in dem Kartoffelsack und wollten von all dem nichts wissen. Wir desinfizierten gemeinsam die Wunden des verletzten Frischlings und legten ihm einen Verband an. „Wo nun aber mit den kleinen Frischlingen hin?" Zum Glück war eine Buchte im Schweinestall frei. Ich holte frisches Stroh aus der Scheune und bereitete ein bequemes Lager. Die Hausschweine in der Nachbarschaft beobachteten mich neugierig. „Hoffentlich vertragen sie sich mit den neuen Nachbarn", dachte ich. „Nicht, daß sie die kleinen Frischlinge verletzen, wenn diese ihren Kopf durch die Absperrung stecken." Ich hörte davon, daß Schweine fremden Geruch nicht mögen. „Vielleicht solltest du den Hausschweinen und den Frischlingen gleiche Duftmarken verpassen", dachte ich in meinem kindlichen Eifer, und mir fiel ein, daß auf Mutters Frisierkommode im Schlafzimmer mehrere Flaschen "Russen-Parfüm" standen. Sie nahm diese intensiv riechenden Duftwässerchen sowieso nicht und stimmte meinem Anliegen sofort zu.

Ich "dieselte" die Frischlinge und die Hausschweine gründlich ein. So gut roch es in unserem Schweinestall noch nie. Die kleinen Frischlinge verkrochen sich ängstlich unterm Stroh. Einmal die neue Umgebung und dann noch der betäubende Geruch. Selbst ich konnte ihn kaum ertragen. Die Unterbringung war soweit geklärt. Nun mußte ich an die Ernährung der Frischlinge denken. Ich sprach mit Mutter über die notwendige Zusammensetzung der Nahrung. Sie kannte sich damit am besten aus. Außerdem brauchte ich ja einen passenden Nuckel. Zum Glück konnte man bei Familie Staude, die unseren Dorfkonsum führte, auch nach Ladenschluß einkaufen. Als ich Frau Staude meinen Wunsch in der Küche vortrug, schaute sie mich erstaunt an. „Hast du ein Brüderchen oder ein Schwesterchen bekommen?" wollte sie neugierig wissen. Ich mußte lachen. „Nein", sagte ich, „vier Geschwister reichen mir." Ich erzählte ihr von den kleinen Frischlingen. Ihre Söhne Eckart und Peter, die beide eine forstliche Laufbahn beschritten, zogen vor Jahren mal ein Rehkitz auf, und so bekam ich gleich noch ein paar passende Ratschläge mit auf den Weg.

Allerdings stellte ich mir das Füttern meiner Pflegekinder leichter vor. Die Kleinen wollten von meiner Nuckelflasche nichts wissen und weigerten sich hartnäckig, auch nur die geringste Menge Milch zu trinken. Gewaltsam mußte ich sie festhalten und ihre kleinen Schnäuzchen öffnen. Trotzdem lief die meiste Milch auf meine Hose und ins Stroh. Alle vier Stunden ging ich in den Stall und versuchte, sie zu füttern. Ein Glück, daß das Ganze in die Ferienzeit fiel. Als ich in der Nacht allein im Stall saß und die Frischlinge immer keine Nahrung annahmen, kamen mir vor Verzweiflung die Tränen. „Wenn ihr jetzt nicht freßt, müßt ihr verhungern", sagte ich schluchzend. Zum ersten Mal wurde mir klar, daß Tierkinder bei ihren Müttern am besten aufgehoben sind. Doch nun gab es kein Zurück mehr. Als ich am anderen Morgen in den Stall kam und in die Buchte zu den Hausschweinen sah, bekam ich einen Schreck. Beide Frischlinge waren auf unerklärliche Weise zu den Hausschweinen gelangt. Sie lagen friedlich und zufrieden zwischen ihnen in der "Besucherritze" und schliefen. „Das hätte aber schief gehen können", dachte ich. Gott sei Dank, daß ich allen Schweinen durch das Einparfümieren einen einheitlichen "Familienduft" verpaßte. Ich stieg vorsichtig über den Riegel und nahm den ersten Frischling, um ihn in die Wildschweinbucht zurückzusetzen. Das paßte dem kleinen Kerl aber nicht. Er quiekte ärgerlich und strampelte wie ein bösartiges Kind. Die Hausschweine sprangen auf und begannen, drohend zu grunzen. Bei dem Versuch, den zweiten Frischling zu fangen, wich ich in letzter Sekunde noch dem Biß eines der großen Schweine aus. Dadurch bekam es nur meinen Stiefel zu fassen. Noch am gleichen Tag erhöhte ich die Trennwände der Schweinebuchten bis zur Decke und nagelte alle Ritzen zu.

Zwei Tage später war das Eis zwischen den Frischlingen und mir so gut wie gebrochen. Sie kamen zwar noch nicht freiwillig zu mir, aber wenn ich mit dem Nuckel an ihren kleinen "Radiergumminasen" rieb, schnappten sie plötzlich zu und tranken die Milch aus. Dem ungeduldigen Schmatzen folgte schnell ein wohliges Grunzen.

12. Sascha und Willi

Nach acht Tagen hatten die beiden kleinen Keiler, die wir Kinder Sascha und Willi tauften, die kritische Phase überstanden. Sie fraßen regelmäßig und verloren mittlerweile ihre Scheu vollständig. Den Frischlingen ersetzte ich nun die Mutter. Sie wichen nicht mehr von meiner Seite und forderten durch lautstarkes Grunzen und Stupsen mit dem Kopf ihre Rechte. Genauso wichtig wie das regelmäßige Füttern waren für sie die kleinen Streicheleinheiten und die Geborgenheit durch meine Nähe. Als nach 14 Tagen die Schule wieder begann, brach eine schwere Zeit für die kleinen Frischlinge an. Ich mußte sie am Tag in eine Umzäunung sperren und für viele Stunden allein zurücklassen. So traurige Tierkinder sah ich noch nie zuvor. Sie jammerten hinter mir her und es tat mir in der Seele weh.
Erst trennte ich die Wildschweinkinder gewaltsam von ihrer Mutter und konnte sie nun, obwohl ich mir große Mühe gab, nicht voll ersetzen. In jenen Tagen festigte sich in mir der Entschluß, nie wieder ein freilebendes Tier mit nach Hause zu nehmen. Bis zum heutigen Tage habe ich mich daran gehalten.
Großvater hoffte, wie ich später erfuhr, daß die kleinen Wildschweine nicht am Leben bleiben würden, und wollte sie eigentlich für die Jagdhundeausbildung haben. Meine Anstrengungen durchkreuzten seine Pläne.

Am wohlsten fühlten sich die beiden Frischlinge, wenn ich mit ihnen gemeinsam auf dem Hof umhertollte und unter Steinen und alten Holzresten nach Regenwürmern und Käfern suchte, die sie dann mit großem Genuß verspeisten. Auch der Inhalt des Katzennapfes blieb nie vor ihnen sicher. Bei schönem Wetter legte ich mich mit ihnen auf die Wiese, las in meinen Schulbüchern oder lernte Gedichte. Da die Frischlinge von Büchern wenig hielten, schoben sie sich neben mir ein und schliefen zufrieden. Näherte sich eine Person, hoben sie, lange bevor ich etwas bemerkte, ihre Köpfe und spitzten die Ohren. Die Frischlinge wuchsen zu meiner Freude gut heran und kamen langsam ins Flegelalter. Unser

... Auch der Inhalt des Katzennapfes blieb nie vor Sascha und Willi sicher ...

Hofplatz sah schon nach wenigen Wochen wie ein Schlachtfeld aus. Man konnte fast nirgends mehr normal gehen, ohne nicht in eines der Wildschweinlöcher zu treten. Auch der Garten wurde mehrmals arg zugerichtet. Der alte Maschendrahtzaun, der noch aus der Vorkriegszeit stammte, hielt den Rüsseln längst nicht mehr stand. Ich mußte alle meine Überredungskünste aufbieten, um scharfe Sanktionen gegen die Frischlinge zu verhindern. Das Maß war aber voll, als Großmutter mitbekam, daß die beiden heimlich in den Hühnerstall und die Scheune schlichen, die Hühner von den Nestern scheuchten und die Eier fraßen. Ich baute einen großen, ausbruchsicheren Auslauf aus Brettern und Kiefernstangen. Nach seiner Fertigstellung durften die Wildschweine nur noch in meiner Anwesenheit heraus. Ich brauchte mich aber nur einige Minuten umzudrehen, und schon stellten sie wieder etwas an. Als Allesfresser entdeckten sie schnell ihre Liebe für Fleisch. Bald fanden sie heraus, daß sich aus der großen Hühnerschar auf unserem Hof die kranken Hühner leicht fangen und fressen ließen. Die kranken und abgemagerten Hühner stellten zum Glück keinen großen Verlust dar. Im Gegenteil, das Übertragen von Krankheiten auf die gesunden Hühner wurde so verhindert. Sie hätten eigentlich längst ausgemerzt werden müssen, aber niemand wollte sie töten.

Einmal gelangten sie unbemerkt zum Nachbarn auf den Hof. Als eingespieltes Team wandten sie dort erstaunliche Jagdmethoden an. Der eine Frischling schlüpfte durch das Hühnerloch in den Stall und der andere wartete draußen bis eines der aufgescheuchten Hühner vorbeigeflattert kam und schnappte es. Anschließend verspeisten sie es gemeinsam. „Wegen Hühnern, Hunden, Katzen und Kindern kann man sich leicht mit seinen Nachbarn erzürnen", sagte Großmutter immer und damit hatte sie recht. Ich mußte den Schaden aus meiner Sparbüchse bezahlen und bekam eine Menge Ärger. Angeblich erwischten die Wildschweine bei ihrer Aktion das beste Huhn. Notgedrungen schränkte ich die Ausflüge der Wildschweine immer weiter ein.

Im April verloren sie ihre Streifen fast vollständig und erreichten schon eine recht ansehnliche Größe. Wenn ich zu ihnen über die Absperrung stieg, begrüßten sie mich jedesmal mit einem Freudenlauf. Anschließend mußte ich ihnen möglichst lange den Bauch kraulen. Manchmal versuchten sie, mit mir freundschaftlich zu ringen, um ihre Kräfte zu messen. Vorläufig blieb ich noch der Sieger. Nach unseren Rangeleien so richtig abgekämpft, legten wir uns zu dritt in den von den Wildschweinen sorgsam mit Stroh ausgepolsterten Kessel und relaxten eine Weile.

Das Verhältnis der Wildschweine zu unseren Jagdhunden blieb stets gespannt und wir vermieden es, sie gemeinsam herumlaufen zu lassen. Einmal, als Großvater unerwartet von der Jagd zurückkam, die Wildschweine waren zum Glück schon größer, kam es zu einer Keilerei zwischen ihnen. Ich staunte, wie mutig sich die beiden halbstarken Wildschweine den Hunden stellten. Wahrscheinlich vertrauten sie darauf, daß ich sie im Ernstfall in Schutz nehmen würde, womit sie ja auch recht hatten.

An einem Sonntag kam Friedrich L. mit seinem Schäferhund Rex auf einen Plausch zu meinem Vater. Rex war im Dorf als sehr bissig und hinterhältig bekannt. „Der würde aber mit den Wildschweinen kurzen Prozeß machen", gab Friedrich großkotzig an. Vater, der auf die Kraft der Wildschweine vertraute, ließ sich zu einem Kräftemessen überreden. Der Schäferhund wurde zu den beiden Wildschweinen in den Auslauf gelassen und noch bevor sich die beiden Zuschauer so recht in Positur stellen konnten, lag dieser schon auf dem Rücken und jaulte vor Schmerzen und Verzweiflung. Die Keiler bissen wütend auf den Eindringling ein und nutzten ihren Heimvorteil. Zum Glück waren ihre Gewehre, wie die Eckzähne bei den erwachsenen Keilern heißen, noch zu klein, um größere Wunden zu schlagen. „Re... Re... Rex", stotterte Friedrich und wurde kreidebleich. Vater öffnete schnell die Absperrung und befreite den Hund. Mit eingeklemmtem Schwanz und laut jammernd lief dieser nach Hause. Nie wieder sah ich den Hund auf unserem Dorfende.

Der Beginn meiner Forstlehre in Bad Doberan rückte immer näher und so stellte sich die berechtigte Frage: Was wird nun aus den beiden Keilern? Mich akzeptierten sie, doch nur mich. Ein Zurück in die freie Wildbahn gab es nicht. Sie waren zu sehr auf den Menschen geprägt und konnten für ahnungslose Bürger eine ernste Gefahr werden. Die Zoos und Tiergärten in der Umgebung besaßen selbst genügend Wildschweinnachwuchs und lehnten ihre Übernahme ab. Nun blieb nur der Weg übrig, den auch unsere Hausschweine gingen.

Es fiel mir nicht leicht, eine so innige Beziehung, die über viele Anstrengungen und Aufregungen wuchs, jetzt so enden lassen zu müssen. Schweren Herzen stimmte ich zu.

13. Das Wildschwein mit dem Kopftuch

Großvater lud mich am Abend zu einer Mondscheinpirsch auf Wildschweine ein. Es war für mich immer etwas besonderes, wenn ich ihn zur Jagd begleiten durfte, aber dieser Pirschgang sollte der letzte sein, den ich als Jagdhelfer an seiner Seite ging. Vor wenigen Tagen bestand ich erfolgreich die Jägerprüfung und fieberte nun sehnsüchtig meinem 18. Geburtstag entgegen. Das Ziel eines jeden Jägers, sich fair mit dem Tier zu messen und Beute zu machen, rückte für mich von Tag zu Tag näher. Nun konnte ich endlich beweisen, was ich in all den Jahren lernte. Großvater freute sich mit mir und war sehr stolz auf mich. Er sagte es zwar nicht direkt, aber er mußte es gleich allen Bekannten erzählen.

In Vorbereitung der Jägerprüfung unterhielt ich mich oft mit ihm über jagdliche Fragen. In einigen Dingen gingen unsere Auffassungen ganz schön auseinander. Die Ursachen für den erneuten Anstieg der Schwarzwildpopulation und die damit verbundenen großen Schäden in den landwirtschaftlichen Kulturen bildeten wiederholt einen dieser Themenkreise. Aber wie so oft, gibt es keine einfachen Antworten. Die Ursachen für bestimmte Erscheinungen in der Natur sind oft sehr komplex und nur schwer zu durchschauen. Großvater und ich gelangten letztendlich zu der Auffassung, daß der verstärkte Maisanbau seit Ende der sechziger Jahre die Hauptursache für die erneute Vermehrung des Schwarzwildes war. Der Mais bleibt sehr lange, oft bis zu Beginn der ersten Fröste, auf den Äckern stehen und bietet besonders den Schalenwildarten sehr gute Deckung und hochwertige Nahrung zugleich. Er ersetzt die in unseren Kiefernwäldern zur Herbstzeit fehlende Eichen- und Buchenmast. Begünstigend kommt hinzu, daß ein nicht unerheblicher Teil der Feldfrüchte durch den Einsatz von unvollkommenen Maschinen verlorengeht, auf dem Acker verbleibt und untergepflügt wird. Auch diese Nahrungsquelle kann das Schwarzwild durch sein kräftiges Gebrech und seinen hervorragenden Geruchssinn ausgezeichnet erschließen und sich zunutze machen. Der stabile gute Ernährungszustand führte beim Schwarzwild in kurzer Zeit dazu, daß die Bachen nicht nur drei bis vier, sondern sechs bis acht Frischlinge im Jahr bekamen.

Und noch ein erstaunliches Phänomen trat auf: Ein Teil der weiblichen Frischlinge, die sonst im zweiten Jahr als nichtführende Überläuferbachen in der Rotte leben, werden schon als Frischlinge beschlagen und bekommen ein Jahr früher als normal Nachwuchs. Frühreife Kinder bekommen Kinder! Das ließ die Rotten noch schneller anwachsen und erschwerte zudem den Wahlabschuß erheblich. Gegen diese Entwicklung waren die Jagdgesellschaften ungenügend gewappnet oder besser gesagt, bewaffnet. Den Jägern standen zum größten Teil nur Flinten, oftmals nicht mal mit einem Zielfernrohr ausgerüstet, zur Verfügung. Wie sollte damit das Wild auf den großen Schlägen erlegt werden? Trotz dieser prekären Lage tat sich der Staat bei der Bereitstellung weiterer Kugelwaffen sehr schwer. Öffentliche Diskussionen über dieses unerwünschte Thema würgte man sofort ab. Das führte bei vielen Jägern, die ich kannte, zu berechtigtem Frust und Unverständnis. Auch ich begriff diesen Starrsinn nicht.

Auf einem abgeernteten Roggenschlag, den man bisher wegen der dort als Zwischenfrucht eingesäten Serradella noch nicht umpflügte, entdeckten wir beim Ableuchten mit unseren Ferngläsern eine größere Rotte Sauen. In der Nähe der Waldkante hoben sich schemenhaft einige Stücke Rotwild ab. Serradella ist für viele Wildtiere eine beliebte Äsungspflanze. Sie wird in der heutigen Zeit aber kaum noch angebaut. Die Wildschweine schienen es aber vor allem auf die zahlreichen Feldmäuse abgesehen zu haben, die sich im Schutz der Strohreste kräftig vermehrten und eine Delikatesse für sie sind. Großvater überlegte einen Augenblick, wie er am besten an die Rotte herankommen könnte. „Du bleibst mit Giesa hier stehen", sagte er. „Ich werde mich vorsichtig anpirschen." Er prüfte noch einmal die Windrichtung und ging dann langsam direkt auf die Wildschweine zu. Die Hündin verstand nicht, warum sie bei mir bleiben sollte und zitterte vor Aufregung. Nach ungefähr zehn Minuten schien Großvater nahe genug zu sein. Er hockte sich hin. „Sicher sucht er sich jetzt ein Stück zum Abschuß aus", dachte ich. Bei dem relativ schlechten Mondlicht, es schob sich kurze Zeit zuvor eine dünne Wolkenschicht vor die "Sauenlaterne", die aber zum Glück ab und zu größere Lücken aufwies, war die Ansprache gar nicht so leicht. Vielleicht mußte Großvater auch warten, bis sich ein Wildschwein aus der Rotte ein wenig absetzte und ihm die Breitseite zeigte.

„Bemühe dich immer, einen schlechten Schuß zu vermeiden", sagte Großvater oft zu mir, „sonst sind längere Nachsuchen vorprogrammiert, das Tier quält sich unnötig; wenn es schlimm kommt und du findest das beschossene Stück nicht gleich, ist das Wildbrett für den menschlichen Genuß verdorben."

Großvater schien sich noch nicht zu einem Schuß entscheiden zu können. Er stand noch einmal auf und ging in gebückter Haltung ein Stück näher an die Rotte heran. Ein gewagtes Spiel, denn die schlauen Bachen konnten ihn jederzeit entdecken. Auf keinen Fall durfte er sich jetzt seitlich hin und her bewegen. Giesa und ich blieben brav am Wegrand stehen. Unterstützen konnten wir Großvater sowieso nicht. Jedes eigenmächtige Verlassen unseres Platzes hätte uns in große Gefahr gebracht. Eine Kugel kann 2.500 Meter und weiter fliegen. Da mußte Großvater schon wissen, wo wir sind.

Plötzlich knallte es, und mir war so, als wenn ich in dem Moment auch ein Quieken hörte. Ich nahm sofort das Fernglas hoch und sah, wie die Sauen in Richtung Wald verschwanden. Auch das Rudel Rotwild brachte sich eiligst in Sicherheit. Giesa zog an der Leine und wollte am liebsten gleich zu Großvater stürmen. Sie verstand nicht, warum ich noch zögerte. Erst als feststand, daß Großvater nicht noch einmal schießen mußte, liefen wir los. Als wir bei ihm ankamen, stand er schon bei dem beschossenen Frischling. „Weidmanns Heil", sagte ich. „Weidmanns Dank", antwortete Großvater. „Ich konnte die Frischlinge sehr schlecht in das Zielfernrohr bekommen und mußte noch näher heran. Willst du das Wildschwein aufbrechen?" Indem er mir das Jagdmesser reichte, nahm er mir die Entscheidung ab. Vorsichtig begann ich mit der roten Arbeit. „Du brauchst nicht so zaghaft sein", sagte Großvater, der jeden meiner Handgriffe genau beob-

achtete. „Schneide nicht so viel hin und her, sonst machst du aus den Keulen gleich Gulasch. Ein schlechter Schuß kann jedem Jäger passieren, wer aber beim Aufbrechen das Wildbret verdirbt, muß sein Lehrgeld zurückgeben." Großvater war in diesen Dingen sehr genau und wie ich heute weiß, zu recht.
Wir faßten den aufgebrochenen Frischling an den Vorderläufen und trugen ihn bis zum Feldrand. Giesa ließen wir frei umherlaufen. Nach einer Weile schauten wir uns um und wunderten uns, daß sie uns nicht folgte. Wie es aussah, fand sie etwas interessantes und ließ nicht davon ab. „Was hat Giesa denn?" fragte Großvater. „Lauf doch mal hin und sieh nach." Ich dachte, ich traue meinen Augen nicht. Giesa stand vor einem zweiten Frischling. „Wie kann denn das angehen", wunderte ich mich und rief Großvater. Der war ebenfalls sprachlos. Wir sahen uns den Frischling genauer an und entdeckten einen etwas länglichen Einschuß auf dem Blatt. „Nicht, daß der Frischling vom Querschläger getroffen wurde", meinte Großvater. „Eine andere Erklärung weiß ich nicht." Ohne den Hund, hätten wir den zweiten Frischling nicht gefunden. Zwei Wildschweine mit nur einem Schuß zu erlegen, kommt nicht alle Tage vor. Großvater strich Giesa liebevoll über den Kopf und lobte sie.

Bei so viel Jagdglück beschlossen Großvater und ich, noch nicht nach Hause zu gehen. Einen Kartoffelschlag in der Nähe des Polzer Sportplatzes nahmen die Schwarzkittel in letzter Zeit stark an. Vielleicht konnten wir dort noch ein drittes Wildschwein erlegen. Die Sichtverhältnisse verschlechterten sich noch weiter. Beim flüchtigen Ableuchten des Kartoffelschlages konnten wir vom Feldrand aus nichts Verdächtiges entdecken. Aber an Aufgabe dachten wir nicht. Da sich das Feld ziemlich in die Länge streckte und wir das hintere Ende nicht genau einsehen konnten, pirschten wir vorsichtig weiter. Ab und zu blieben wir stehen und sahen durch unsere Ferngläser. „Du, Großvater, dort an der Hecke ist ein verdächtiger schwarzer Punkt", sagte ich, „ungefähr zwanzig Meter neben der dicken Eiche." „Das könnte ein einzelnes Wildschwein sein", bestätigte mir Großvater nach einer Weile. „Vielleicht ist es der große Keiler, der sich hier ab und zu spürt." Ich freute mich, daß ich das Wildschwein zuerst entdeckte. „Bleib du hier am Heckenrand stehen", sagte Großvater. „Ich gehe das Wildschwein an." „Das klappt ja heute wieder", sagte ich leise zu Giesa und streichelte ihr zur Beruhigung über den Kopf.

„Doch was war das?" Plötzlich hörte ich Großvater wütend laut schimpfen. „Mach bloß, daß du nach Hause kommst", schrie er „und laß dich nicht noch mal beim Klauen erwischen. Das hast du doch wohl nicht nötig!" Den Rest der Schimpfkanonade konnte ich nicht genau verstehen. Ich sah durch mein Fernglas und entdeckte vor Großvater eine menschliche Gestalt. Mir stockte der Atem. Ich wußte vor Schreck gar nicht, was ich machen sollte. Als Großvater zu mir zurückkam holte er tief Luft und sagte: „Ich zittere noch immer am ganzen Körper! Saß da nicht eine Frau aus Polz in den Reihen und hat Kartoffeln geklaut. Erst im letzten Moment kam mir die Sache verdächtig vor. Stell dir vor, ich hätte tatsächlich geschossen! Nicht auszudenken! Mit dem Knüppel hätte ich sie nach Hause prügeln sollen." „Hast du die Frau erkannt?" wollte ich wissen. „Die knöpfe ich mir aber noch einmal vor", sagte er nur und wich einer Antwort aus. „Laß dir das eine Lehre sein. Schieße nur auf Wild, das du hundertprozentig als solches angesprochen hast."

"Ist die Kugel aus dem Lauf, hält sie selbst der Teufel nicht mehr auf!" Als ich diesen Spruch zum ersten Mal hörte, mußte ich sofort an dieses Erlebnis denken. Auch wenn das Jagdfieber den Puls rasen läßt, der Kopf muß immer kühl bleiben.

Reif

II. Begebenheiten aus meiner Jungjägerzeit

14. Eine ungewöhnliche Schlittenfahrt

Vierzehn Tage nach meinem 18. Geburtstag hielt ich endlich meine Jagderlaubnis in den Händen. Da ich schon zwei Jahre Mitglied der Jagdgesellschaft Alt-Kaliß war, gab es bei den Behörden keine Probleme und Nachfragen. Ich wurde in das Jagdgebiet Groß-Schmölen eingewiesen.
Mein erstes Jagdwochenende konnte ich kaum erwarten. Damals lernte ich an der Betriebsberufsschule Forst in Bad Doberan. Bevor wir den freien Sonntag genießen konnten, mußten wir sonnabends noch die Schulbank drücken. Wegen der schlechten Verbindung mit öffentlichen Verkehrsmitteln blieb mir nur jedes zweite oder dritte Wochenende die Möglichkeit, nach Hause zu fahren.

Großvater gab mir ein Kitz oder ein Schmalreh zum Abschuß frei. Der Abschußplan bei weiblichem Rehwild war im Jagdgebiet noch nicht erfüllt. Wenn es um den Rehbockabschuß ging, überschlugen sich die Jäger fast, das weibliche Rehwild dagegen wollte keiner schießen. Rehe zeigten sich genügend, aber die großen Sprünge standen im Spätherbst auf den fast baum- und strauchfreien Feldern und Wiesen und ließen sich sehr schwer bejagen. Meine ersten Versuche, in Deckung der Koppelpfähle an einen der Sprünge heranzukommen, scheiterten. Die schlauen Rehe bekamen mich immer wieder mit. Wahrscheinlich wandten auch die anderen Jäger schon diese Taktik an.
Ich erinnerte mich an die Indianerspiele aus meiner Kindheit und kroch unter Beachtung der Windrichtung in geduckter Haltung an der Böschungskante eines Grabens entlang. Ein etwas gewagtes Unternehmen, ein falscher Schritt, und ich würde ins kalte Wasser rutschen. Unter großen Mühen erreichte ich dann doch mein Ziel.
Nun stand ich das erste Mal ganz allein vor der schweren Aufgabe, ein Reh zum Abschuß auszuwählen. Heute blicke ich kurz durch mein Fernglas, aber damals im Graben überlegte ich lange hin und her und verglich immer wieder Theorie und Praxis. Zum

Schluß stand ich dann vor meinem Stück Rehwild, heilfroh darüber, daß ich tatsächlich ein Schmalreh erlegte. Über meinen ersten Rehbock, einen alten zurückgesetzten "Korkenzieher", den ich ein Jahr später fast an gleicher Stelle streckte, freute ich mich wie ein König.

Während meines 18monatigen Grundwehrdienstes bei der ehemaligen NVA, der sich fast nahtlos an meine Lehrzeit anschloß, sind in meinem Streckenbuch wenig Abschüsse verzeichnet. Als einfacher Soldat standen mir nur insgesamt achtzehn Tage Urlaub zu. Jedes Wochenende nach Hause zu fahren, so wie es heute bei der Bundeswehr üblich ist, war zu NVA-Zeiten undenkbar. Von 76 Wochenenden saß ich etwa 60 in der Kaserne, froh über eine Ausgangskarte für den Standort und ein paar freie Stunden.

Daß zu großer Jagdeifer einem gelegentlich Probleme bereiten kann, sollte ich während eines Kurzurlaubs erfahren. Als ich am Morgen in Neu-Kaliß aus dem Zug stieg, fielen dicke Schneeflocken vom Himmel, und ich freute mich, daß Vater mich mit dem Moped abholte. In den Nachrichten sprach man von einem ausgedehnten Schneefallgebiet und von zu erwartenden Verkehrseinschränkungen. „Du willst doch bei dem Wetter nicht zur Jagd", sagte Großvater, als ich ihn fragte, ob er eine Waffe für mich hat. „Die Wetterfrösche übertreiben doch", antwortete ich und ließ mich von meinem Vorhaben nicht abbringen. „Schon wochenlang freue ich mich auf diese Jagdtage."
Nach dem Mittag zog ich mein Schneehemd an und marschierte am Eichenberg vorbei Richtung Polz. Im Pulverschnee kam ich gut voran und meine Schritte waren kaum zu hören. Der Schnee verzauberte den Wald und die Felder völlig. Alle Schandflecke, die die Menschen hinterließen, deckte der weiße Mantel zu und die grauen abgeernteten Felder sahen sehr viel freundlicher aus.

„Vielleicht kannst du ein Stück Rotwild erwischen", dachte ich. Ich vermutete, daß es sich bei dem Wetter in den lichten Kiefernbeständen aufhält und dort die Blaubeersträucher oder das Heidekraut äst. Aber meine Rechnung sollte nicht aufgehen. Das Rotwild schien sich an die weiße Pracht noch nicht gewöhnt zu haben und stand in den schützenden Dickungen. Enttäuscht ließ ich den Kopf hängen und ging auf dem alten Bahndamm Richtung Polz zurück. Die Schneeflocken stiemten mir nun genau entgegen, und ich zog den Hut ein Stück tiefer ins Gesicht. Plötzlich bemerkte ich kurz vor dem Dorf am alten Sportplatz ein kleines Rudel Kahlwild. Wegen meines Schneehemdes bemerkten sie mich nicht. Ich stand kaum noch vierzig Meter entfernt. Ich wählte in aller Ruhe ein schwaches Kalb zum Abschuß aus und löste den Schuß. Gut getroffen hörte es nicht einmal den Knall. Nach dem Aufbrechen deckte ich es mit Kiefernreisig zu und ließ die leere Patronenhülse zur Warnung vierbeiniger Räuber am Stück zurück. Zu gerne nehmen diese eine nichtausgesprochene Einladung zum unerwarteten Festschmaus an.

Als ich in Polz ankam, war es bereits dunkel und es schneite noch immer ununterbrochen. Das Gehen im Schnee fiel mir schon bedeutend schwerer, aber noch lagen drei Kilometer Wegstrecke vor mir. Am Polzer Eichenberg brach eine Rotte Sauen auf einem abgeernteten Kartoffelfeld. Diese Gelegenheit wollte ich mir nicht entgehen lassen. Gut getarnt durch das Schneehemd machte es mir keine Mühe, mich ihnen zu nähern. Einer der Frischlinge bot mir die Breitseite, und ich nahm an. Nach dem Schuß quiekte er kurz auf, flüchtete noch ca. vierzig Meter und fiel dann tot um. Um das Schneehemd beim Aufbrechen nicht zu beschmutzen, zog ich es aus und legte die Jagdwaffe und das Fernglas darauf ab. Gerade erst mit dem Aufbrechen angefangen, bemerkte ich plötzlich im Augenwinkel etwas Verdächtiges. „Nicht, daß noch mehr Wildschweine auswechseln", dachte ich. Aber dann sprach ich den Punkt als Fuchs an. Er schien mich schon entdeckt zu haben und zog langsam um mich herum. „So ein frecher 'Hund'", dachte ich und ging in gebückter Haltung zum abgelegten Drilling. Dem Fuchs schienen meine Absichten nicht klar zu sein, denn er blieb stehen und beobachtete mich. Ich nahm die Jagdwaffe hoch, steckte eine Kugel in den Lauf und sah durch das Zielfernrohr. Die Geräusche beim Schließen der Waffe veranlaßten den Fuchs zur Flucht. Nach ungefähr zwanzig Metern beging er einen großen Fehler und verhoffte erneut, dies kostete sein Leben. Ich brach den Frischling zu Ende auf, zog ihn zum Waldrand und tarnte ihn ebenfalls mit Reisig. Den Fuchs legte ich am Stammfuß einer markant gegabelten Kiefer ab und bedeckte ihn mit Schnee. „Was für ein Jagdtag!" Stolz über so viel Jagdglück ging ich nach Hause.

„Hoffentlich sind wir morgen früh nicht eingeschneit", sagte Großvater, als ich ihm von meinen Erfolgen berichtete. Er machte sich Sorgen wegen des Wildtransportes. Als ich die Geschichte mit dem Fuchs erzählte, horchte Großvater auf. „Dort habe ich vor acht Tagen ebenfalls einen Frischling geschossen und fand ihn nicht gleich", sagte Großvater. „Als ich mit dem Hund zurückkam, hatte ihn ein Fuchs angeschnitten. Wenn das man nicht der Übeltäter ist. Er hörte den Schuß und zog gleich daraus die Schlußfolgerung: Hier gibt es etwas Leckeres zu fressen." „Das kann angehen", stimmte ich ihm zu. Geschafft von dem langen Marsch fiel ich ins Bett und schlief wie ein Stein.

Am Morgen lag Groß-Schmölen tief eingeschneit. Undenkbar, das Wild mit Moped und Anhänger zu holen. Gerade begann man, die wichtigsten Straßen vom Schnee zu räumen. Was nun machen? Auch die LPG konnte vorerst keinen Traktor abstellen. Die Wege zu den Stallanlagen mußten erst passierbar gemacht werden. Nun saß ich in der Klemme! Das Wild mußte irgendwie aus dem Wald. „Und wenn du das Kalb mit dem Schlitten bis Polz transportierst und dort beim Malermeister Walter Schwebke zwischenlagerst?" dachte ich. Als Sohn von Opa Schwebke würde er bestimmt für mein Anliegen Verständnis zeigen. Aber allein konnte ich das nicht schaffen und Großvater wollte ich diese Strapaze nicht zumuten. Nur Annelie, meine jüngste Schwester, erklärte sich sofort bereit, mir zu helfen. Mit einem Schlitten und einer Zeltbahn ausgerüstet, stapften wir durch den hohen Schnee. Unter großen Anstrengungen zogen wir das Rotwildkalb auf dem Schlitten bis nach Polz und lagerten es in der ungeheizten Malerwerkstatt ein. Unseren Schlitten ließen wir dort zurück. Den

Frischling zogen wir auf der Plane bis nach Groß-Schmölen. Auf verharschtem oder auch backsigem Schnee wäre die Plane mit der Fracht besser dahingeglitten. Doch in dem neuen hohen Pulverschnee wurde es von Meter zu Meter schwerer. Als wir zu Hause ankamen, waren wir beide total geschafft. Erstaunt und zugleich stolz darauf, daß Annelie so tapfer durchhielt, bedankte ich mich vielmals bei ihr.

Den Fuchs holte ich erst nach gebesserten Witterungsbedingungen. Essen wollten wir ihn ja nicht, und da er ja auch nichts mehr "verpaßte", konnte ich ihn bis dahin an der alten Kiefer unter dem kühlen Schnee liegenlassen.

15. Ein böser Zufall

Das ehemalige Jagdgebiet Groß-Schmölen bildete die Form eines großen gleichschenkligen Dreiecks. In seiner östlichen Ausdehnung erstreckte es sich bis zur Eldenburger Gastwirtschaft. Die westlichen Grenzpunkte bildeten die Straßenkreuzung an der Groß-Schmölener Brack und die Kreuzung des Alt-Kalißer Damms mit dem alten Postweg. Zu DDR-Zeiten gehörte alles zum Kreis Ludwigslust. So wie früher, verläuft heute wieder durch dieses Gebiet die Mecklenburgisch-Brandenburgische Grenze. Noch bis in die siebziger Jahre gab es zwischen den Dörfern Polz (Mecklenburg) und Breetz (Brandenburg) keine feste Straße. Im Frühjahr und Herbst, zur Hochwasserzeit, war der Landweg, der beide Dörfer verband, fast unpassierbar. Die Welt endete für uns Mecklenburger sozusagen in Polz. Auch die Architektur in den benachbarten mecklenburgischen und brandenburgischen Dörfern unterscheidet sich erheblich. Auf mecklenburger Seite wurden ab der Mitte des 19. Jahrhunderts fast alle Häuser aus roten Ziegelsteinen erbaut und haben große Vorgärten. Im angrenzenden Brandenburg stehen die meisten Häuser unmittelbar an der Straße und sind entweder in Holzfachwerk ausgeführt oder verputzt. Mir gefallen die mecklenburgischen Dörfer der Griesen Gegend allerdings besser.
Die Torfwiesen am Eldenburger Moor sind beliebte Äsungsflächen für das Rotwild, oft tritt es dort schon früh am Abend aus. Der ehemalige Gutsbesitzer aus Eldenburg ließ sie im vorigen Jahrhundert mit einer Sandschicht abdecken und konnte dadurch ihre Qualität erheblich verbessern. Die Sandentnahmestellen am Waldrand sind auch heute noch zu erkennen. Der gesamte Wiesenkomplex ist von tiefen Gräben durchzogen, die auch im Sommer reichlich Wasser führen. Sie können von der alten Elde aus geflutet werden.

Da der Abschußplan beim weiblichen Rotwild noch nicht erfüllt war, nahm ich mir vor, dort ein Kalb oder ein Schmaltier zu erlegen. Aber so einfach, wie ich mir das als Jungjäger damals vorstellte, ging es nicht. Ein sehr erfahrenes Alttier führte das anwesende Kahlwildrudel. Es benutzte jeden Abend einen anderen Wechsel und hielt sich nie lange an der Waldkante auf. Mitten auf den Wiesen konnte ich dem Rudel mit meiner Jagdwaffe nichts anhaben, und ein Angehen erschien mir wegen der geringen Deckungsmöglichkeiten aussichtslos. Einmal versuchte ich es auch dort, mich in Deckung der Grabenböschung anzuschleichen. Nur ein kurzer Moment der Unaufmerksamkeit, schon rutschte ich ab und saß bis zum Hosenboden im morastigen Graben. Ich bedachte leider nicht, daß der weiche Torfboden viel schneller nachgab. Nun triefte ich und mußte mit nasser Hose und den Stiefeln voll Wasser auf dem Moped nach Hause fahren. Das Rudel ging natürlich hochflüchtig ab, aber egal, die Jagd war gelaufen!

Einige Tage später versuchte ich es mit einer anderen Taktik. Ich fuhr schon rechtzeitig los und setzte mich mitten auf die Wiese hinter einen stärkeren Koppelpfahl. „Vielleicht kommt das Rudel nahe genug heran", dachte ich. Der kalte Novemberwind pfiff über die freien Wiesen, und mein Ansitz bereitete mir schon nach kurzer Zeit kein Vergnügen mehr. Ich schlug den Kragen meines Lodenmantels hoch und drehte mich mit dem Rücken zum Wind. Als es zu dämmern anfing, trat das Kahlwildrudel aus und kam langsam näher. Ich zählte sechzehn Stücken. Zu meiner Überraschung gesellten sich kurz danach noch fünf jüngere Hirsche hinzu. Das Hirschrudel sah ich zum ersten Mal. Das Büchsenlicht nahm schnell ab, und ich befürchtete schon, daß ich nicht mehr zu Schuß kommen würde. Zum Glück verlängerte das helle Gras auf der Wiese meine Chancen. Als das Kahlwildrudel auf Schußentfernung herankam, versuchte ich, ein Kalb bzw. ein Schmaltier anzusprechen. Aber immer wenn ich ein Stück bestätigte, schob sich ein anderes dazwischen, oder das ausgewählte Stück drehte sich plötzlich wieder und stand spitz. Mein Abzugsfinger versteifte sich regelrecht vor Kälte. Ich wärmte die Hand in der Hosentasche wieder auf. Als endlich ein Schmaltier freistand, zögerte ich nicht länger. Das beschossene Stück fiel um, kam aber wieder hoch, lief ein paar Meter auf den Hinterläufen und brach erneut zusammen. Es versuchte, dem flüchtenden Rudel zu folgen, schaffte es aber nicht. An einen Fangschuß brauchte ich bei der Entfernung gar nicht denken, und näher heran konnte ich nicht, weil mir ein breiter Graben den Weg versperrte. Zu allem Unglück achtete ich vor meinem Ansitz nicht darauf, wo sich die nächste Brücke befand. Mir blieb nichts anderes übrig, als eiligst am Graben entlangzulaufen und einen Übergang zu suchen. Ich wollte dem Schmaltier unbedingt den Weg in den Wald abschneiden, um es möglichst schnell von seinen Qualen zu erlösen und ging daher im großen Bogen bis an die Waldkante heran. In der Zwischenzeit wurde es dunkel. Zum Glück zeigte sich der Himmel sternenklar, und auf den Grashalmen begann sich heller Reif zu bilden. Als ich in die Nähe der Stelle kam, an der beide Rudel in den Wald flüchteten, bemerkte ich plötzlich etwas Verdächtiges. „Nicht, daß das Schmaltier schon so weit gekommen ist", dachte ich erstaunt. „Aber was war das?" Mir wurden die Knie weich. Wenige Meter vor mir saß kein Schmaltier, sondern ein jüngerer Hirsch. Die Zahl der Enden konnte ich nicht erkennen; im Moment auch völlig egal. Unfähig, die Waffe von der Schulter zu nehmen und dem Hirsch einen erlösenden Fangschuß zu geben, sah ich erstarrt zu, wie er sich mit letzter Kraft in den Eichenwald quälte. „Was hast du da bloß gemacht?" fragte ich mich bestürzt. „Sollte ich mich so getäuscht haben? Ich schoß doch auf ein Schmaltier! Vielleicht wurde der Hirsch auch durch einen Querschläger verletzt." Verzweifelt suchte ich nach einer Erklärung. „Bei dem schlechten Büchsenlicht durftest du einfach nicht mehr schießen", warf ich mir vor. „Wie sollte ich das bloß Großvater beibringen?" In meiner Ratlosigkeit fuhr ich nach Groß-Schmölen zurück.

Großvater schlief schon. Es kostete mich sehr viel Mühe und Überredungskunst, ihn nach meinem Bericht aus dem Bett zu locken. Ich konnte seinen Ärger und seine Enttäuschung verstehen. Wir ließen unsere Mopeds am Wiesenweg stehen und gingen mit Astor, unserem Deutsch-Drahthaar, durch das kleine Eichenwäldchen auf die Stelle zu, an der ich den Hirsch zum Schluß sah. Er saß keine zehn Meter vom Bestandsrand entfernt und blickte uns im Taschenlampenlicht mit traurigen Augen an. Zur Flucht war er nicht mehr fähig. Großvater gab ihm auf meine Bitte hin den Fangschuß. Ich brach stumm den Hirsch ohne seine

Hilfe auf. Er stand die ganze Zeit abseits und sprach kein Wort mit mir. Vor Aufregung brachten wir nicht mal den Mopedanhänger zum Abtransport des Hirsches mit. Nun mußte ich auch noch in der Nacht eine größere Reisigmenge aus der nahen Kieferndickung holen, um den Hirsch zu tarnen. So ungeschützt konnte er auf keinen Fall liegenbleiben. Die Kolkraben würden ihn sonst zum Frühstück verspeisen.

„Wenn der Hirsch von einem Querschläger getroffen wurde, muß das Schmaltier doch auch noch irgendwo sein", dachte ich und ging mit Astor auf den Anschuß zu. Nach ungefähr einhundert Metern gab der Hund plötzlich Laut. Ich lief näher und sah es krank sitzen. Mir fiel ein kleiner Stein vom Herzen. Also verwechselte ich es bei der Ansprache doch nicht mit einem Hirsch! Ich erlöste das Schmaltier.

Als wir am nächsten Tag das Reisig vom Hirsch entfernten, sahen wir sofort, daß er stark abgekommen war. Die Schuld daran trug ein alter hoher Vorderlaufschuß, also kein Querschläger von mir. Eigentlich hätten Großvater und ich noch am Abend stutzig werden müssen, aber der Ärger und meine Schuldgefühle im Bauch blockierten jeden klaren Gedanken. Der verletzte Hirsch versuchte bis zur letzten Minute, bei seinen Kameraden zu bleiben. Seine Stunden waren aber bereits gezählt. Großvaters Fangschuß bereitete seinem Leidensweg ein Ende.

Der Zufall spielte mir einen großen Streich. Oder wollte mir "Diana" zeigen, welche Qualen Tiere bei schlechten Schüssen erleiden müssen? Der Jäger, der den Hirsch krankschoß, konnte nicht ermittelt werden.

Nun, die Sache wendete sich doch noch zum Guten.
Aber so recht freuen konnte ich mich nicht.

16. Der 2b-Hirsch

Im Mai beendete ich meinen Grundwehrdienst in Rostock im Motschützenregiment 28 und wartete nun auf den Studienbeginn an der Technischen Universität Dresden, Sektion Forstwirtschaft. Um die drei Monate bis dahin sinnvoll zu überbrücken und mein Konto bei der Bank ein wenig aufzubessern, entschloß ich mich, eine Arbeit als Harzer im Forstrevier Dömitz anzunehmen. Harz war in der damaligen DDR ein sehr wichtiger Rohstoff für die Industrie und wurde gut bezahlt. Jedes Forstrevier, in dem es Kiefern gab, beauflagte man mit einer Planmenge. Keine Altholzkiefer durfte ohne vorheriges Abharzen gefällt werden. Im Revier Dömitz fehlte einer der Harzer wegen einer längeren Krankheit. Dem Revierförster, Paul Zorn, kam daher meine Hilfe sehr gelegen.

In dem Jahr durfte ich das erste Mal zusammen mit zwei weiteren Weidgenossen aus unserem Jagdgebiet auf einen IIb-Hirsch jagen. Große Chancen rechnete ich mir nicht aus. Ältere Hirsche waren im Groß-Schmölener Jagdgebiet zu meiner Zeit sehr dünn gesät, und außerdem blieb mir für seine Bejagung nur ein Monat Zeit. Am zweiten September begann bereits mein Studium im entlegenen Tharandt. Ich ließ mich aber nicht entmutigen und wollte den "alten Hasen" beweisen, daß ein "junger Dachs" auch zu was kommen kann.
Die damalige Regelung besagte, daß ein Hirsch der Klasse IIb ein Geweihgewicht zwischen 2,5 und 5,5 Kilogramm aufweisen muß. Seine Geweihentwicklung durfte nicht den Normen seines Alters entsprechen, oder der Hirsch mußte zehn Jahre und älter sein.
Schon im Juli fährtete ich das Jagdgebiet regelmäßig nach stärkeren Hirschen ab. An der Polzer Schweinskuhle spürten sich zwei und im Eldenburger Wald drei Geweihte. An Hand der Trittsiegelgröße konnte ich zwar ihr Alter grob schätzen, aber über ihren Kopfschmuck sagten die Fährten nichts aus. Mir blieb nur die Hoffnung, daß wenigstens einer der Geweihten den Kriterien

entsprach. Ich ging am frühen Morgen zur Jagd und saß bis spät abends auf einem der Hochsitze, aber zu sehen bekam ich das Rotwild nicht. In der Nähe der Polzer Schweinskuhle benutzten die Feisthirsche auf ihren nächtlichen Wanderungen zu den Feldern fast immer den gleichen Wechsel. Die einzige Chance, das Feisthirschrudel vorzubekommen, bestand wahrscheinlich darin, es in unmittelbarer Nähe des Tageseinstandes abzupassen. „Aber wo befand sich dieser Einstand?" In der Kiefernheide, mit ihren zahlreichen kleinen und größeren Dickungen, gab es viele Möglichkeiten. Ich versuchte, sie einzugrenzen. Dabei mußte ich aber sehr vorsichtig zu Werke gehen. Würden die Feisthirsche erst einmal Verdacht schöpfen, verringerten sich meine Aussichten noch mehr. Um keine unnötige Witterung auf dem Waldboden zu hinterlassen, fährtete ich die häufiger befahrenen Schneisen mit dem Fahrrad oder dem Moped ab. Mein Zeitlimit schmolz von Tag zu Tag dahin. Mutters Abreißkalender in der Küche zeigte schon den 20. August an. Nachdem ich noch einmal alles gründlich abwägte, entschloß ich mich für den Ansitz unmittelbar in der Nähe der großen Dickung an der Eldenburger Grenze. Alle Anzeichen deuteten daraufhin, daß die beiden stärkeren Hirsche dort standen. Beim Verlassen ihres Einstandes wechselten die Geweihten, wie ich am Fährtenbild sehen konnte, regelmäßig über eine kleine Kultur. Als ich mich am späten Nachmittag dort ansetzte, stand die Sonne noch hoch am Himmel. Zuvor fährtete ich eine parallel dazu verlaufende Schneise ab und sah, daß die Hirsche am Vortag dort hinüber zogen. Leider gab es am Rand dieser Kultur keinen Hochsitz. Darum suchte ich mir eine dicke Kiefer aus und nahm hinter ihr auf meinem Sitzstock Platz. Nun einigermaßen getarnt, betrachtete ich die jungen Kiefern vor mir, sie maßen gerade mal achtzig Zentimeter. Sollten die Hirsche dort durchziehen, konnte ich sie gut ansprechen und außerdem bot sich auch das notwendige Schußfeld.
Ruhig sah ich mich um. Mein Blick streifte den ausgetrockneten, mit Nadeln und kleinen Ästen übersäten Waldboden. Seit Tagen regnete es nicht mehr. Ein kleiner Feuerfunken hätte ausgereicht, um den Kiefernwald zu entzünden. Dabei ärgerte mich der Gedanke, daß es immer wieder unvorsichtige oder nachlässige Leute gibt, die ohne die möglichen Gefahren zu erkennen, den ge-

fährlichen "Funken" liefern. Jetzt jedenfalls hieß es warten! Ich träumte mir die edelsten IIb-Hirsche vors Auge. Aber außer zwei Kohlmeisen ließ sich lange nichts sehen. Sie beobachteten mich sehr aufmerksam, drehten ihre kleinen Köpfe vielsagend hin und her und unterhielten sich in ihrer Meisensprache.

Ich dachte darüber nach, was sie sich wohl gegenseitig erzählt haben könnten. „Was sucht denn der im grünen Lodenmantel in unserem Wald?" fragte die Meisenfrau. „Scheint einer der besessenen Jäger zu sein", antwortete der Mann. „Ich habe ihn hier schon mehrmals gesehen und würde gern wissen, was er hier sucht?" „Der hat vielleicht eine hungrige Familie zu Hause", vermutete die Meisenfrau, „und muß Beute machen." „Die Menschen kaufen doch ihr Futter im Laden!" belehrte sie der Mann. „Das kann es nicht sein. Laß uns lieber verschwinden", sagte die Meisenfrau. „Jetzt schaut er schon mit dem Fernglas nach uns. Denk an das Sprichwort vom Spatzen in der Hand."
Eigenartig, was man sich so ausdenkt, wenn man allein in der Stille ausharrt.
Dann war es wieder ruhig. Erst als die Sonne schon fast hinter dem Horizont verschwand, kam ein Baumfalke vorbeigestrichen. Er griff im Flug mit seinen Fängen größere Insekten, entfernte gleich in der Luft geschickt die unverdaulichen Flügeldecken und verspeiste die schmackhaften Teile. Plötzlich sah ich vor dem dunklen Hintergrund des benachbarten Stangenholzes Geweihe "aufblitzen"! Zwei Rothirsche zogen genau auf mich zu. Der erste, ein jüngerer Kronenzehner, schien der Adjutant des zweiten wesentlich älteren Zwölfenders zu sein. Dieser hielt sei-

... Gehörte der ältere Hirsch nun zur Klasse 2b oder nicht? ..

nen starken Träger fast waagerecht. Seine Augsprossen bogen sich entgegen der normalen Regel nach unten und die eine schien sogar gegabelt zu sein. Nun war guter Rat teuer. „Gehörte der ältere Hirsch nun zur Klasse IIb oder nicht?" Ich ging alle Merkmale in Windeseile noch einmal durch. Das Geweihgewicht betrug etwa fünf Kilogramm und lag damit an der oberen Grenze. Die Anzahl der Enden entsprach der Norm, also daher kein Abschußgrund. Nun spielte das Alter die entscheidende Rolle. „Zehn Jahre ist der Hirsch bestimmt", dachte ich. Ich zitterte vor Aufregung, konnte mich aber nicht entscheiden. Erst als der Geweihte in der Naturverjüngung weiterzog und ich ihn nicht mehr sehen konnte, dachte ich: „Das war er! Warum hast du nicht geschossen? Eine solche Chance bekommst du so schnell nicht wieder."

Ich beruhigte mich mittlerweile wieder etwas, als es plötzlich neben mir knackte. Für kurze Zeit erstarrt, sah ich die beiden Hirsche auf dem gleichen Wechsel zurückkommen. Nun gab es für mich kein Zögern mehr. Ich nahm den Drilling vorsichtig hoch und schoß. Der Anvisierte brach wie vom Blitz getroffen zusammen. Nun verlor ich endgültig meine innere Ruhe. „Ist es wirklich kein Fehlabschuß?" fragte ich mich. Vorsichtig ging ich an den Wildkörper heran und sah, daß die Hirschseele bereits bei Hubertus weilte. Nur die vielen Hirschläuse liefen noch aufgeregt auf seinem alt und bullig wirkenden Haupt hin und her und wußten nicht, was sie machen sollten. Das Haar auf seiner Stirn war gekräuselt und seine Tränensäcke unter den Lichtern tief eingeschnitten. „Doch, zehn Jahre ist der Hirsch mit Sicherheit", dachte ich. Eine genauere Schätzung konnte erst an Hand des Zahnabschliffs vorgenommen werden. Mehr Sorgen machte ich mir wegen der Stärke der Stangen. Ich prüfte immer wieder ihren Umfang und leiser Zweifel kam auf, ob das Geweihgewicht unter der 5,5-Kilogrammarke bleiben würde. Ich setzte mich auf einen Baumstubben und hielt eine Weile Andacht. „Warum kehrten die Hirsche zurück?" fragte ich mich. Störten sie sich auf ihrem Wechsel an meiner Spur, obwohl diese schon über drei Stunden alt war? Anders konnte ich mir ihr Verhalten nicht erklären. Ihre übertriebene Vorsicht wurde ihnen diesmal zum Verhängnis.

Großvater, der in der Nähe ansaß und meinen Schuß hörte, eilte mir schon mit seinem Moped entgegen. Er stand lange vor dem Erlegten und wünschte mir dann "Weidmanns Heil". „Junge", sagte er, „hoffentlich gibt das keinen Ärger." Wir brachen den Hirsch gemeinsam auf und fuhren dann nach Groß-Schmölen zurück. Noch immer ganz aufgekratzt, erzählte ich zu Hause mein Erlebnis. Großvater forderte in der Zwischenzeit einen Traktor für die Bergung des Wildkörpers von der LPG an. Meine Brüder, Karl-Heinz und Uwe, wollten unbedingt mit uns fahren. Die Freude steckte sie längst an. Besonders Uwe, damals erst zehn Jahre alt, sah mit Bewunderung zu mir auf.

Gleich am nächsten Tag fuhr Herr Hans Gaethcke aus Neu-Göhren, der Vorsitzende der Jagdgesellschaft Kaliß, mit seinem Moped vor und begutachtete die Trophäe. Auch er schätzte das Alter des Hirsches an Hand des Zahnabschliffs auf über zehn Jahre und stufte ihn als IIb-Hirsch ein. Aber ich hörte einen Unterton heraus: Wie konnte es ein Jungjäger bloß wagen, einen so starken Hirsch zu erlegen, sollte das wohl heißen.

Das Geweih wurde auf der Trophäenschau des Kreises Ludwigslust mit 181,85 Punkten bewertet und erhielt eine Bronzemedaille. Um das Alter entbrannte ein Streit. Die Bewertungskommission einigte sich schließlich auf ein Alter zwischen neun und zehn Jahre.

17. Der kleine alte Keiler

Die Bahnfahrt von Dömitz nach Tharandt und wieder zurück artete immer zur Strapaze aus. Trotzdem fuhr ich fast jedes Wochenende nach Hause, denn die guten Jagdmöglichkeiten in der Groß-Schmölener und Polzer Feldmark zogen mich magisch an. Großvater gab mir einen IIb-Bock frei. An den Wochenenden zuvor nahm ich schon mehrere Rehböcke unter die Lupe, aber einen richtig alten Bock konnte ich nicht ausmachen. Während einer Fahrt durch das Jagdgebiet kam ich an einer Wiese am Floßgraben vorbei. An drei Seiten von Erlen und Weidenbüsche umgeben, grenzte sie mit der vierten an ein Roggenfeld. Das Gras war noch nicht gemäht. Saftige Kräuter und Blumen in den verschiedensten Farben reckten ihre Köpfe der Sonne entgegen. „Das ist doch ein idealer Lebensraum für einen alten Bock", dachte ich. „Wenn ich hier Rehbock wäre, würde ich mir diesen Einstand wählen." Für die Ausbildung einer solchen Artenvielfalt braucht eine Wiese Jahrzehnte. Leider werden in jüngster Zeit viele von ihnen umgebrochen und mit Hochleistungsgräsern bestellt. Eine weitere Verarmung der Flora ist die Folge, und vielen kleineren Tieren wird damit die Lebensgrundlage genommen.
Am frühen Abend setzte ich mich hinter einen der Koppelpfähle. Einen Hochsitz gab es hier leider nicht. Die Zeit verging nur schleppend und auch nach zwei Stunden ließ sich noch immer kein Reh sehen. Ich konnte mir das nicht erklären. An der Attraktivität der Wiese und dem Wetter lag es sicher nicht. Plötzlich entdeckte ich am Ende der Wiese einen schwarzen Punkt. „Vielleicht ist es eine Bache mit Frischlingen", dachte ich. „Sie wird die Rehe gestört haben." Was sollte ich nun machen? Weiter auf einen Rehbock warten oder nach der vermeintlichen Bache sehen? Nach fünf Minuten siegte meine Neugier, und ich pirschte vorsichtig in Deckung der Zaunpfähle an das Stück Schwarzwild heran. Dabei achtete ich darauf, daß es mir immer die Breitseite zeigte. So konnte es mich schwerer eräugen. Auf ungefähr fünfzig Meter angenähert, schaute ich längere Zeit durch das Fernglas, konnte aber keine Frischlinge entdecken. Allzu groß war

das Wildschwein nicht, und ein Gesäuge ebenfalls nicht zu erkennen. Am Morgen beobachtete ich zwei Bachen mit Frischlingen. Die Bachen standen noch in der Winterschwarte und wirkten außerdem hochbeiniger, ihre Zitzen sah ich deutlich. Nun gab es für mich keinen Zweifel mehr, das Wildschwein vor mir war ein Überläufer. Ich entschloß mich zu schießen. Der getroffene Schwarzkittel schlug einen großen Bogen und wollte im angrenzenden Getreidefeld verschwinden. Kurz vor dem Koppelzaun fing er an zu taumeln und brach zusammen. Mit dem Vorderteil rutschte er noch bis ins Getreidefeld. Langsam ging ich an das Wildschwein heran.

Großvater brachte mir bei: Wenn ein Wildschwein nach dem Schuß losläuft und dann in einem Umkreis von achtzig Metern umfällt, kannst du sicher sein, daß es verendet ist. Meine Spannung stieg mit jedem Meter. Vor mir lag ein männliches Stück. Zu meinem Erstaunen besaß es nur ganz kurze Borsten, dadurch verschätzte ich mich ganz schön bei der Größe. „Der Keiler bringt bestimmt seine 60 Kilogramm auf die Waage", dachte ich. „Nun hast du einen dreijährigen Keiler geschossen. Was wird Großvater bloß dazu sagen! Eine saftige Moralpredigt hagelte es bestimmt." Das Geschehene konnte ich aber nicht wieder rückgängig machen.

Ich traf mich mit Großvater an der verabredeten Stelle. „Hast du einen Rehbock?" wollte er wissen. „Einen richtigen Bock habe ich nicht geschossen", sagte ich und machte eine Pause. „Bei mir kam ein einzelnes Stück Schwarzwild. Ich dachte, es wäre ein Überläufer. Es ist aber wahrscheinlich ein dreijähriger Keiler." Großvater stand einen Augenblick schweigend da. „Habe ich dir nicht immer gesagt, du sollst vor dem Schuß das Wild richtig ansprechen!" legte er los. „Laß doch den Finger gerade, wenn du dir nicht sicher bist!" Schweigend gingen wir zu dem Stück Schwarzwild. Ich hatte es ja noch nicht mal aufgebrochen. Wir zogen es gemeinsam auf die Wiese und Großvater holte seine Taschenlampe heraus. Er kniete sich nieder und sah sich im hellen Lichtkegel das Gebrech an. „Was hat er denn", dachte ich nach einer Weile. Plötzlich stand er auf und sagte mit veränderter Stimme: „Das ist doch kein dreijähriger Keiler! Der ist mindestens acht Jahre alt." Ich konnte es im ersten Moment nicht recht

fassen. Als ich mich bückte und die messerscharfen Gewehre im Unterkiefer und die stark gebogenen Haderer im Oberkiefer sah, kam Freude in mir auf, fegte in Sekundenschnelle meine vorherige Betroffenheit davon. „Die Waffen des Keilers hättest du dir vorher auch schon mal anschauen sollen", schimpfte ich leise mit mir, „und den Ärger dir dadurch sparen können."
Ich streckte also einen alten reifen Keiler, den ersten in meinem Jägerleben. Die Begleitumstände werde ich bestimmt nie vergessen. Der Keiler wog aufgebrochen nur 65 Kilogramm. Eigentlich kein Gewicht für so einen alten Burschen. Es zeigte sich wieder mal, daß die Natur keine absoluten Regeln kennt. Bei uns Menschen gibt es ja auch junge dicke und alte dünne "Exemplare".

Vierzehn Tage später schoß ich auf der Wiese dann doch noch einen sehr alten Rehbock, einen Gabler. Zu meiner Verwunderung hatte er sein Gehörn noch nicht vollständig gefegt. Bei den Vorbereitungsarbeiten zum Abkochen der Trophäe stellte ich fest, daß sein Rachenraum voller dicker ekliger Rachenbremsenlarven saß. Einige waren fast vier Zentimeter lang. Insgesamt holte ich acht größere und sechs kleinere Exemplare ans Licht. „Wie hielt der Bock das bloß aus?" fragte ich mich entsetzt. Nun war mir auch klar, warum er mehrmals hustete. Die Rachenbremsenlarven quälten den Bock sicher mächtig. Bestimmt hing es hiermit zusammen, daß er sein Gehörn noch nicht zu Ende fegte.

18. Der laufkranke Frischling

Winter mit längeren Schneelagen sind in Mecklenburg selten. Die Temperaturen bewegen sich oft nur um den Gefrierpunkt. Jedes Jahr warte ich sehnsüchtig auf einige weiße Tage. Fünf bis zehn Zentimeter Schnee reichen völlig aus. Wer schon einmal eine nächtliche Schneepirsch auf Sauen erlebt hat, kann mich verstehen.

In den Semesterferien im Februar begann es wie auf Bestellung zu schneien. Am Morgen bogen sich die Kiefernzweige vor unserem Haus unter der weißen Last. Beim Mittagessen sprach ich mit Großvater über die günstigen Jagdmöglichkeiten. Die Wildschweine brachen in den letzten Wochen wieder verstärkt auf den Wiesen und Weiden zwischen Polz und Eldenburg. Großvater befürchtete bereits größere Wildschadensforderungen durch die LPG und stimmte meinen Jagdabsichten sofort zu. „Paß aber auf", sagte er, „die ersten Bachen könnten schon gefrischt haben."

Das Wiesengebiet zwischen Polz und Eldenburg ist Teil der Lenzener Wische, einem großen Überschwemmungsgebiet der Elbe. Durch die Eindeichung der Elbe, die bereits im Mittelalter begann, rangen die Menschen dem Strom immer mehr fruchtbaren Aueboden ab. Nur die Einmündung der Löcknitz in die Elbe konnten sie mit keinem Deich verschließen. Bei Hochwasser drückte die Elbe durch diese Lücke das Wasser immer wieder in die Lenzener Wische. Erst mit der Löcknitzregulierung, die 1970 begann, wurden große Teile für immer trockengelegt. Die tieferliegenden Landflächen blieben aber weiterhin nur zur Heugewinnung oder als Weideland nutzbar. In Anbetracht der vielen Stillegungsflächen erscheint diese Maßnahme aus heutiger Sicht völlig sinnlos.
In den Wintermonaten brechen die Wildschweine nachts sehr gern auf den Wiesenflächen nach Mäusen, Regenwürmern, Engerlingen und schmackhaften Pflanzenwurzeln. Die Ertragsver-

luste im Frühjahr können dadurch erheblich sein. Teilweise müssen die Wiesen sogar neu eingesät werden. Eine Bejagung der Wildschweine auf diesen Flächen ist normalerweise nur bei gutem Mondschein möglich. Der Schnee veränderte die Situation aber völlig. Selbst bei bedecktem Himmel sind die Wildschweine auf dem hellen Untergrund noch deutlich zu sehen.
Gegen zwanzig Uhr fuhr ich mit meinem Moped Richtung Polz. Ein Auto konnte ich mir als Student nicht leisten. Die Jagdwaffe, in einem Futteral verpackt, hängte ich über den Rücken. Da die Straßen und Wege an vielen Stellen glatt waren, fuhr ich sehr vorsichtig. Kritisch wurde es, als ich bei Bauer Albs in den Wiesenweg einbog, weil ich unter der Schneedecke kaum noch etwas erkennen konnte. Ich entschloß mich, zu Fuß weiter zu gehen. Da der Wind sehr ungünstig kam, pirschte ich auf einem parallel zur Waldkante verlaufenden Weg weiter. Von dort konnte ich die Wiesen bis zur Waldkante gut übersehen und brauchte nicht zu befürchten, daß die Wildschweine Wind von mir bekamen. Als ich nach ca. zwei Kilometern an dem kleinen Grenzdeich zwischen den Gemeinden Polz und Eldenburg ankam, begegnete mir noch kein einziger Schwarzkittel. „Vielleicht ist es den Wildschweinen zu hell", dachte ich. Plötzlich ist ja ihre sonst so perfekte Tarnfarbe nichts mehr wert. „Aufgegeben wird nicht!" spornte ich mich an. Schließlich legte ich bis dahin erst die halbe Strecke bis Eldenburg zurück. Ich pirschte vorsichtig weiter. Außer einigen Hasen und einem Fuchs bekam ich auch dort nichts zu Gesicht. Abgekämpft blieb ich einige Minuten am Eldenburger Moor stehen.

In seiner Nähe stand früher eine kleine Ziegelei. Ich erinnerte mich noch an das Wohnhaus. In der Zwischenzeit ist alles abgerissen. Nur die Fliedersträucher verraten noch, daß hier einst Menschen lebten und arbeiteten. Gemeinsam mit meinen Schulkameraden Peter Meier und Klaus Stech aus Polz suchte ich auf den schwankenden Grasbülten im Moor nach Entennestern. Zum Glück nahmen wir damals lange Stöcke mit. So kamen wir bei unserem Unternehmen mit nassen Hosen davon.

Auf dem Rückweg ging ich an der Waldkante entlang, gespannt, ob wohl in der Zwischenzeit Wildschweine auswechselten. Nun kam der Wind günstig von vorne. Vom Deich aus sah ich, ganz frisch im Schnee die Stellen, an denen die Sauen kurz zuvor im Gebräch standen. „Nun hast du sie verpaßt", schimpfte ich mit mir. Ich ging darauf zu, um mir das Fährtenbild genauer anzusehen. „Vielleicht ist es ein Keiler gewesen", dachte ich. Außerdem interessierte mich, in welche Richtung die Wildschweine zogen. Eventuell konnte ich sogar die Verfolgung aufnehmen. Um besser sehen zu können, beugte ich mich über eine frisch gebrochene Stelle. In diesem Moment sauste ein Wildschwein aus dem dunklen Loch und humpelte in den Wald! Mir blieb vor Schreck fast das Herz stehen. Ich schnappte nach Luft, unfähig, die Waffe von der Schulter zu nehmen. Damit rechnete ich nun wirklich nicht. Wahrscheinlich ruhte sich der kranke Frischling nach der anstrengenden Futtersuche ein wenig aus und übersah mich "weißes Gespenst" dabei völlig. Nur so konnte ich mir erklären, warum er mich bis auf einen Meter heranließ. „Was einem so alles widerfahren kann", dachte ich und überlegte, ob eine sofortige Verfolgung des kranken Frischlings etwas bringen würde. Unter dem benachbarten Kiefernaltholz stand dichte Naturverjüngung, so verwarf ich mein Ansinnen.
Plötzlich bemerkte ich ca. 100 Meter weiter zwei Wildschweine. Sie mußten gerade erst aus dem Wald ausgewechselt sein. Ich pirschte vorsichtig näher und sprach zwei Überläuferkeiler an. Den bedeutend kleineren nahm ich ins Visier. Er blieb im Feuer liegen. Sein Kamerad machte einen Satz zur Seite, verhoffte kurz und verschwand dann eiligst im nahen Wald. „Nun hat es doch noch geklappt", dachte ich. Man sollte eben nicht zu schnell auf-

geben. Ich wartete einige Minuten und ging dann an den Überläufer heran. Die Kugel 8 x 57 saß Hochblatt. „Der hat den Knall nicht mehr gehört", dachte ich. Ich brach ihn gleich an Ort und Stelle auf, zog ihn zur Waldkante und tarnte ihn auf die übliche Art und Weise.
Den Jagdabend in Gedanken schon zufrieden beendend, begegnete mir kurz vor Polz noch eine Rotte Sauen. „Das klappt ja heute." Zahlreiche kleine und größere Wildschweine brachen auf der Wiese. „Bevor sie Wind von mir kriegen, werde ich noch versuchen, einen der Frischlinge zu strecken." Es glückte. Als ich um vier Uhr morgens nach Hause kam, war ich zwar hundemüde, aber ein glücklicher Weidmann. Kurz vor dem Einschlafen mußte ich noch einmal an den kranken Frischling denken. „Ob meine Jagdkameraden mir die Geschichte wohl abnehmen würden?"

Um neun Uhr frühstückte ich mit meinem Bruder Karl-Heinz und erzählte ihm mein Erlebnis. „Der kranke Frischling muß doch zu kriegen sein", sagte er und bot sich an, mitzukommen. Ich freute mich und stimmte sofort zu. Wir ließen Astor, Großvaters Deutsch Drahthaar, aus dem Zwinger. Er sprang vor Freude in die Luft und schnupperte aufgeregt an meinem Lodenmantel. Wir ließen ihn neben unseren Mopeds herlaufen.
Die Kolkraben beseitigten den Aufbruch des Überläufers schon vollständig. Einige besonders freche und vollgefressene Exemplare saßen noch in den benachbarten Kiefernkronen, krächzten zufrieden und schielten zu uns herüber. Am liebsten hätte ich einem von ihnen eine Ladung Schrot angeboten. Die Kolkraben vermehrten sich in den letzten Jahrzehnten stark und wurden regelrecht zur Plage. Aber noch standen sie unter Naturschutz.

Wir pirschten auf einer Waldschneise entlang, die in einem Abstand von 100 Metern parallel zur Waldkante verlief. Plötzlich hielt Karl-Heinz mich am Arm fest. Keine dreißig Meter vor uns, am Stammfuß einer dicken Kiefer, steckte der kranke Frischling. Wir besprachen flüsternd unser weiteres Vorgehen. Ich pfiff und schoß sofort, als er sich aufrichtete. Taumelnd verließ er den Kessel. Karl-Heinz schnallte sofort Astor. Das Wildschwein kam keine dreißig Meter weit. Der Hund zog das tödlich getroffene Tier zu Boden. An seinem Vorderlauf zeigte sich eine alte Schußverletzung, sie erklärte das starke Abkommen des Tieres. Der Frischling hätte mit Sicherheit den Winter nicht überlebt. Bestimmt wurde er bei einer der Jagden im November/Dezember beschossen. Bei einer gründlichen Nachsuche hätte man ihm viele Qualen erspart, ersparen müssen.

Mühevoll verstauten wir alle drei Wildschweine in dem Mopedanhänger. Einen solchen Jagderfolg hat man nicht jeden Tag.

19. Kolkrabengeflüster

Im Januar beobachtete ich auf einem Spaziergang ein verliebtes Kolkrabenpärchen. Das Männchen bemühte sich rührend um die Gunst seines Weibchens. Er verbeugte sich immer wieder vor ihr und schien ihr zärtliche Kolkrabenworte ins Ohr zu flüstern. Dann wieder berührte er mit seinem Schnabel sanft den Kopf seiner Geliebten und einmal sah es fast so aus, als ob sie sich küssen wollten. Ich kannte das Paar. Es brütete seit Jahren in einer hohen Kiefer hinter dem Friedhof und zog regelmäßig Junge auf.

Auch in Mecklenburg starb der Kolkrabe, verschrien als großer Schädling, in der Mitte des zwanzigsten Jahrhunderts durch die gnadenlose Verfolgung des Menschen fast aus. Aber wie schon so oft in der Geschichte, neigt der Mensch bei der Lösung von Problemen zu Extremen. Anstatt den Kolkraben scharf zu bejagen und dadurch seinen Bestand in vertretbaren Grenzen zu halten, legte man vergiftete Köder aus. Dagegen waren diese klugen, scheuen und mißtrauischen Vögel nicht gewappnet. Kolkraben können bis zu 64 Zentimeter lang werden und ihre Flügelspannweite beträgt ca. 120 Zentimeter. Sie haben ein tiefschwarzes Federkleid, das im Sonnenlicht blauschwarzmetallisch glänzt und leben in Dauerehe. Ihre gefährlichste Waffe ist der schwarze, 7 bis 8,5 Zentimeter lange Schnabel. Diese Vögel erwiesen sich als meine treuesten Begleiter bei der Jagd, ja sie verfolgten mich manchmal sogar bis in meine Träume.

Nach einem Schuß dauerte es nie lange und der erste Rabe erschien am Himmel. Sah er ein erlegtes Stück Wild, rief er mit seiner weithin hörbaren Stimme andere Artgenossen herbei. Aus der Luft oder von hohen Bäumen aus beobachteten sie dann das weitere Geschehen. Kolkrabenansammlungen von fünfzig Stück und mehr stellten keine Seltenheit dar. Wenn ich den Aufbruchort verließ, stürzten sie sich gierig auf die Eingeweide.

... Im Januar beobachtete ich auf meinem Spaziergang ein verliebtes Kolkrabenpärchen ...

Als Jungjäger beging ich zwei Mal den Fehler, den Wildkörper nicht gutgenug mit Reisig abzudecken. Die Kolkraben zerrten kurzerhand die störenden Äste beiseite und bedienten sich am wertvollen Wildbret. Zum Glück kam ich relativ schnell zurück. So blieb es nur bei faustgroßen Löchern in den Keulen.
Einmal erlegte ich ein sehr altes Rottier in den Löcknitzwiesen. Wegen des relativ hohen Wasserstandes konnte es nur mit dem Traktor geborgen werden. Da keine Bäume in der Nähe standen, verblendete ich das Tier mit langem trocknen Gras und zog den Aufbruch ca. zwanzig Meter weg. Als ich nach einer Verzögerung ungefähr drei Stunden später mit dem Fahrzeug zurückkam, sah ich schon von weitem die Bescherung. An die einhundert Kolkraben und mehrere Bussarde bildeten dort eine Versammlung. „Du brauchst wohl gar nicht mehr hinzufahren", dachte ich. „Außer einigen Knochen wird nichts mehr übrig sein." Mir fiel ein großer Stein vom Herzen, als ich sah, daß meine Tarnung doch den sehr guten Augen der Raben standhielt. Einer der Bussarde wählte sich den "Grashügel" sogar als Beobachtungspunkt aus. Er ahnte nicht, auf welchem Fleischberg er saß.
Eine nicht alltägliche Begegnung blieb mir in Erinnerung. Ich brach in einem dichten unübersichtlichen Stangenholz einen stärkeren Hirsch auf. Einer der Kolkrabenspione hörte meinen Schuß und suchte nun die vermeindliche Nahrungsquelle. Noch mit dem Aufbrechen beschäftigt, lauschte ich zwischendurch in gebückter Haltung den Brunftschreien der benachbarten Hirsche, als plötzlich ein Rabe zwischen den Bäumen erschien und sich fast auf meinem Rücken niederließ. Erst im letzten Moment erkannte er, worauf er sich da einlassen wollte, bremste wie wild und startete dann mit schnellen kräftigen Flügelschlägen wieder durch.
Die Ansammlung von Kolkraben im Wald kann den Jägern aber auch den Fundort eines Stückes Fallwild verraten. Besonders nach der Brunftzeit des Rotwildes kommen solche Fälle häufiger vor. Selten gelingt es, die genauen Todesursachen der Tiere zu ermitteln. Neben den Kolkraben leben auch Füchse und Wildschweine von Aas. Besonders unangenehm wird es, wenn bereits Zehntausende von Maden das Werk der Zerstörung übernommen haben. Der penetrante Geruch ist dann kaum auszuhalten.

Als Jungjäger fand ich in der großen Dickung an der Eldenburger Grenze einen auf diese Weise verendeten sehr alten Hirsch. Großvater vermutete, daß er während der Brunft im benachbarten Jagdgebiet Grittel beschossen wurde. Dort jagten regelmäßig die Parteigrößen aus dem Kreis und dem Bezirk. Deshalb wurde mit Geldern der Jagdgesellschaft und unbezahlten Arbeitsleistungen vieler Weidgenossen eine komfortable Jagdhütte gebaut. Das "Zielwasser" floß dort gewöhnlich in Strömen. Nicht immer erhöhte sich dadurch die Schußgenauigkeit. Ich barg die Trophäe. Aber wo sollte ich dieses stinkende Etwas abkochen? Nur nach langem Zureden und der Verpflichtung, alles wieder gründlich sauberzumachen, erlaubte mir Mutter, unsere Waschküche für diesen Zweck zu benutzen. Natürlich hielt ich die gestellten Bedingungen ein und mit viel Überwindung und Mühe präparierte ich den abgekochten Schädel. So erhielt die Trophäe ein vernünftiges Aussehen entsprechend dem einst ehrwürdigen Erscheinungsbild des Hirsches, der sie einst trug.

Nach der Trophäenschau im Kreis wurde sie einem hohen sowjetischen Offizier als Abschiedsgeschenk überreicht. Warum auch immer! Ich hatte die Arbeit und er eine Trophäe ohne Beziehung, über die er aber sicher viele Jagderlebnisse erzählen konnte.

Im Zuge der Bekämpfungsmaßnahmen gegen die Schweinepest in den 90er Jahren wurde in Mecklenburg-Vorpommern unter anderem auch die befristete Bejagung des Kolkraben freigegeben. Einer meiner Jäger auf dem Flugplatz versuchte daraufhin, im Januar einen der schwarzen Gesellen zu erlegen. Obwohl er jeden Tag zur Jagd ging, brauchte er fast eine Woche, bis er einen der schlauen und vorsichtigen Raben überlisten konnte. Die Kolkraben ernähren sich aber nicht nur von Aas. Junge Hasen und Vögel stehen ebenfalls auf ihrem Speisezettel. Selbst größere Jungtiere, wie z. B. Rehkitze, sind nicht vor ihnen sicher. Sie fügten auch Bauern große Schäden zu. So fielen sie über junge Lämmer her und hackten sie zu Tode oder bedienten sich an freilaufendem Geflügel.

Ich selber sah, wie sich mehrere Kolkraben auf einer Wiese an einem neugeborenen Kalb zu schaffen machten. Jedesmal, wenn die Mutter kurz wegschaute, hackten die Raben dem noch hilflosen Jungtier in die Keulen.

Die Unterschutzstellung des Kolkraben hätte regional schon lange aufgehoben werden müssen. Die Schäden, die sie durch ihre Massenvermehrung in unserer heimischen Tierwelt anrichten, sind nicht mehr zu verantworten. Eine vernünftige Bejagung würde den Kolkrabenbestand nicht gefährden. Ideologiegesteuerte Politiker und radikale Tierschützer verhinderten auch hier bisher eine vernünftige Entscheidung.
Leider ist es oft so, daß gewisse Personen regelrecht mit Scheuklappen durchs Leben gehen. Sie sehen ihr Ziel, welches geradeaus vor ihnen liegt, doch was dabei links und rechts vom Weg kaputtgeht, sehen sie nicht. Nur wer die Gesamtheit der Natur und ihre Zusammenhänge erkennt, kann sie auch schützen.

20. Das Hermelin vom Grenzwall

Wenn ich wichtige Entscheidungen in meinem Leben fällen mußte, zog es mich, vorausgesetzt die Zeit ließ es zu, in die Natur hinaus. Ich wählte dann Wege, die selten ein Mensch ging, wo ich allein unter dem weiten Himmel weilte. Hier konnte ich tief in mich hineinhorchen und alle Argumente ohne fremde Einflüsterungen noch einmal abwägen.

Oft ging ich zu den alten Eichen am Grenzwall. In Südwestmecklenburg war es früher üblich, die Gemarkungsgrenzen durch einen Erdwall dauerhaft zu kennzeichnen. Die Eichen, mit ihren kurzen aber dicken Stämmen und weitausladenden Kronen, standen mitten auf diesem Wall. Sie blieben bei der großen Flurbereinigung verschont, weil sich die benachbarten Parteien nicht einigen konnten, wem sie denn eigentlich gehören. Die Beseitigung der vielen Knicks und Baumreihen in der offenen Landschaft, um angeblich die Felder besser mit den großen Maschinen bestellen zu können, ist der größte Naturfrevel der Neuzeit und mit der unkontrollierten Waldrodung im Mittelalter vergleichbar, die besonders auf den leichten Böden zu großen nicht wieder gutzumachenden Verwüstungen führte.

Nach der Wende konnte ich mich davon überzeugen, daß auch im Westen Deutschlands die offene Landschaft großflächig ausgeräumt wurde. Viele Pflanzen und Tiere unserer Heimat sind dadurch in ihrem Bestand ernsthaft bedroht.

Ich überlegte immer noch, ob ich meine Mitgliedschaft in der Jagdgesellschaft Alt-Kaliß wirklich aufgeben sollte. Mir war bewußt, daß ich damit ein weiteres Seil durchschnitt, das mich mit meiner Kindheit in Groß-Schmölen verband. Ein Zurück würde es nicht geben. An mehreren Stellen auf dem Erdwall wuchsen üppige Brombeersträucher. Reife, zuckersüße Früchte hingen in dicken Dolden fast bis auf den Erdboden. Sie glänzten mir schwarzblau entgegen. Ich wollte mich gerade bücken und einige Brombeeren abpflücken, als plötzlich zwei kleine Tiere in der Furche auf mich zurasten. Wie gebannt blieb ich stehen. Eine

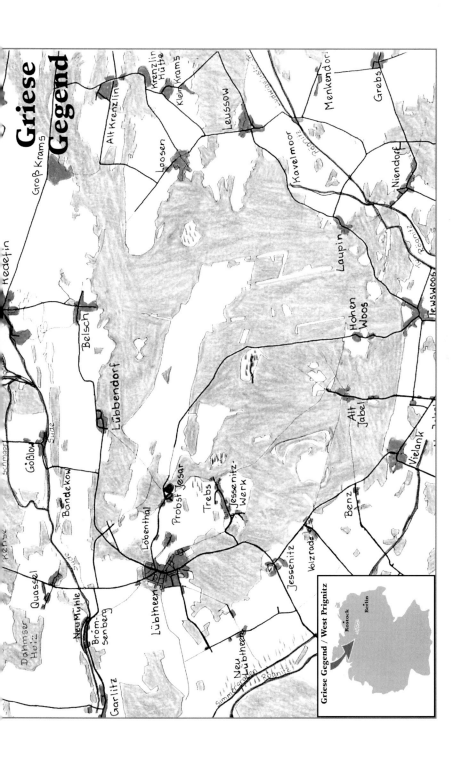

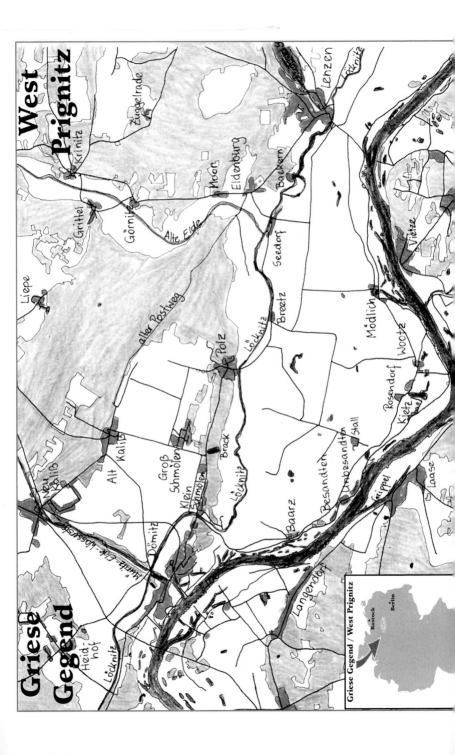

1. links oben
DD-Parade aus Großvaters Zucht

2. links Mitte
"Hundevater" Opa Schwepke Tochter Erika hält stolz die Nachkommen von Jagdhund "Hexe" im Arm.

3. unten
Diese Aufnahme wurde 1999 beim Abriß der ehemaligen russischen Kaserne im Teil Güstrow-Priemerburg des Forstrevieres Laage gefunden. - Wilderei?

4. Blick von den Elbtaldünen bei Klein-Schmölen (Naturschutzgebiet seit 1967)
Einer der größten Binnenwanderdünenkomplexe Deutschlands

5. Großvater Fritz Evermann, Spezialist im Fallenstellen, mit einem starken Fuchsrüden.
Bis in die 70er Jahre war das Aufstellen von Tellereisen noch erlaubt.

6. Autor mit jüngerem Bruder Uwe in den überschwemmten Löcknitzwiesen.

7./8.
Wildtransport in den 70er Jahren.
Selbst Rotwild transportierte der
Autor mit dem Moped SR2 und
einem extra verstärkten Anhänger.
(links unten im Bild)

9. oben
Kiefernholzeinschlag im Feb./März
Die Spiegelrinde am oberen Stammende wird besonders gern in den Wintermonaten vom Rotwild geschält. Oft findet man hier auch Abwurfstangen.

10. Mitte
Eine der Rotwildfütterungen in der Leussower Heide

11. unten
Salzlecke an der "Teufelskuhle" bei Hohen-Woos

... Noch nie beobachtete ich ein Hermelin bei der Jagd ...

große Maus wurde von einem Hermelin verfolgt. Sie machte gewaltige Sätze, schlug Haken und suchte verzweifelt nach einem rettenden Versteck. Als sie in der Brombeerhecke vor mir verschwand, glaubte ich schon, daß sie dem Hermelin damit entkam. Aber der Verfolger arbeitete jeden ihrer Haken und Wiedergänge sehr gekonnt und mit großer Geschwindigkeit aus. Wenige Sekunden später hörte ich die Maus zum letzten Mal entsetzlich aufpiepsen. Kurz danach kam das Hermelin aus den Brombeersträuchern heraus und lief mit seiner Beute im Fang zurück. Tatenlos sah ich dem Schauspiel zu. Irgendwie erweckte die Maus mein Mitleid, „doch sollte ich etwa das Hermelin vertreiben? Hätte ich damit wirklich etwas geändert?" Das Hermelin brauchte die Maus zum Leben, sie erfüllte ihre Aufgabe im Kreislauf der Natur. Alles hat seine Zeit.

Bei der Jagd fälle auch ich die Entscheidung über Leben und Tod. Bei mir hängt, im Unterschied zum Hermelin, nicht unbedingt das Überleben davon ab. Bei meinen Vorfahren in grauer Vorzeit war das sicher noch anders. Aber gerade darin besteht die Gefahr, daß der "moderne" Mensch das Maß seines Handelns falsch bestimmt. Die Natur mahnt uns zur Bescheidenheit, ansonsten sägen wir uns den Ast, auf dem wir sitzen, selber ab.

Noch nie beobachtete ich ein Hermelin bei der Jagd. Seine außergewöhnlich gute Nase und seine Schnelligkeit beeindruckten mich enorm. „Wohin mochte es mit seiner Beute gelaufen sein?" fragte ich mich. Nach kurzem Suchen fand ich den Bau unter den Wurzelanläufen einer alten Eiche. Die zahlreichen Spuren am Eingang ließen keinen Zweifel zu. Zu gern hätte ich einen Blick in das Innere des Baus geworfen, aber die alte Eiche hielt schützend ihre dicken Wurzeln darüber. Hermeline leben gern an Feldrainen, in Gebüschen oder an Gewässerufern. Ihr Winterfell ist bis auf das schwarze Schwanzende weiß. Früher zierten sie die Mäntel von Kaiser und Königen.
Tja, nun erlebte ich hier zwar eine beeindruckende Verfolgungsjagd, genoß die Luft und die tanzenden Sonnenstrahlen, doch zu einem Entschluß kam ich nicht. Ich schob meine endgültige Entscheidung über den Jagdgesellschaftswechsel noch einige Tage auf.

III. Die Lübtheener Zeit

21. Eine gefährliche Verwechslung

Einige Kollegen, vor allem aus der Verwaltung des Militärforstwirtschaftsbetriebes (VEB) Lübtheen, für die die Jagd so ziemlich das wichtigste im Leben war, verstanden es nicht, daß ich mich nach zwei Jahren immer noch nicht zu einem Wechsel in die für diesen Bereich zuständige Jagdgesellschaft der Nationalen Volksarmee (NVA) durchringen konnte. Ich entschied mich nach meinem Forststudium für Lübtheen, weil ich in meiner Heimat, der Griesen Gegend, bleiben wollte und mir der Direktor des Militärforstwirtschaftsbetriebes auf meine Bewerbung hin sofort mehrere gute Stellenangebote machte. Jagdliche Erwägungen spielten da kaum eine Rolle. Um mein berufliches Vorankommen in der Militärforstwirtschaft nicht zu gefährden, konnte ich mich aber nicht länger einem Wechsel entziehen.

1980 wurde ich in das Jagdgebiet Niendorf eingewiesen und bejagte dort ein ca. siebzig Hektar großes Waldstück nördlich der Ortschaft Hohen-Woos, das zum Kerngebiet der Leussower Heide gehört. Die vorherrschende Baumart dort ist die Kiefer. Aus Gründen des vorbeugenden Waldbrandschutzes faßte man nach dem 2. Weltkrieg die neuaufgeforsteten Abteilungen mit schmalen Birkenstreifen ein. Ihre weißen Stämme und die kleinen fast dreieckigen Blätter, die schon bei leichtem Wind in Bewegung geraten, lockern das relativ eintönige Waldbild ein wenig auf. Ob sie allerdings bei einem Waldbrand hilfreich sind, wage ich zu bezweifeln. Die Hauptwildart ist dort das Rotwild. Rehe gibt es kaum, was bestimmt an den sehr einseitigen Äsungsverhältnissen liegt. Dort wächst im wesentlichen nur Drahtschmiele. Das Rehwild aber nascht gern von jungen Trieben bis hin zu den verschiedensten Kräutern. Die dritte dort vorkommende Schalenwildart ist das Schwarzwild. Es hält sich aber gewöhnlich nur im Wald auf, wenn die umliegenden Felder kahl sind und nicht genügend Deckung bieten. Ich machte sehr schnell die Erfahrung, daß sie sich ohne regelmäßiges Kirren nur schwer bejagen ließen. Für mich, der bisher vor allem auf waldnahen Feldern und Wiesen jagte, bedeutete dieser Wechsel in ein reines Waldgebiet eine gewaltige Umstellung. In den ersten Monaten konnte ich mich kaum daran gewöhnen und sehnte mich in das Jagdgebiet Groß-Schmölen zurück. Mir fehlte einfach der Blick über das freie Land, die Farbenpracht auf den Feldern und Wiesen und die stetigen Veränderungen. Im Mai, Juni und Juli, wenn es in der Natur am schönsten ist und ich sonst mit viel Freude nach einem guten Abschußbock Ausschau hielt, gab es in meinem neuen Hegebezirk kaum etwas zu erbeuten. Nur um Tierbeobachtungen machen zu können, brauchte ich nicht dreißig Kilometer mit meinem Trabant zu fahren; die konnte ich auch als Spaziergänger hinter unserem Haus haben. Nach einem viertel Jahr wußte ich durch regelmäßiges Abfährten, in welchen Kieferndickungen sich die Wildschweine am liebsten aufhielten. Zu sehen bekam ich sie aber nur äußerst selten, und wenn, dann waren sie zu weit entfernt, um schießen zu können. Zur besseren Bejagung nahm ich mir vor, zwei Kirrungen anzulegen. „Wenn du nur ein Wildschwein im Monat an jeder Kirrung schießt", dachte ich, „hat sich der Aufwand für dich gelohnt." Dieses Ziel erreichte ich zwar nie, aber von zehn Wildschweinen schoß ich in der Folgezeit neun an meinen Kirrungen. Nur so konnte ich den Abschußplan in meinem Hegegebiet erfüllen. Bei der Auswahl der Kirrplätze ging ich von mehreren Gesichtspunkten aus. Ich wollte nach Möglichkeit dicht an die Einstände heran, damit es die Wildschweine am Abend nicht so weit hatten und dadurch schon relativ früh kamen. Außerdem sollte der Untergrund möglichst hell sein, um das Büchsenlicht zu verlängern. Und eine gute Anfahrmöglichkeit mit dem Pkw sollte auch noch bestehen. Auf dem breiten Feuerschutzstreifen, der dieses Gebiet von Nord nach Süd durchzieht, schienen mir zwei Stellen geeignet. Anfänglich streute ich den Mais weitläufig aus, damit die umherziehenden Wildschweine den Platz möglichst schnell fanden. Schon nach acht Tagen nahmen die Sauen beide Kirrplätze an. Aber auch die Eichelhäher und Kolkraben lockte ich damit an. Damit sie die Maiskörner nicht schon vor den Wildschweinen aufnehmen konnten, verscharrte ich den größten Teil in kleinen Gruben. Aber das kostete wertvolle Zeit, und bald holten die schlauen Vögel auch dort den Mais heraus.

Von Jagdfreunden hörte ich, daß sie an ihren Kirrungen sehr gute Erfahrungen mit maisgefüllten Sektflaschen machten. Berühren die Wildschweine die Flaschen, fallen die Körner heraus und können von ihnen aufgenommen werden. Vögel sind dazu kaum in der Lage. Aber ich rechnete dabei nicht mit der Schlauheit meiner Wildschweine. Schon nach wenigen Tagen nahmen sie die gefüllten Sektflaschen mit in die benachbarte Dickung und leerten sie dort in aller Ruhe und Sicherheit aus. Mir blieb vorerst nichts anderes übrig, als den Mais noch tiefer zu vergraben. Im Herbst wurden die beiden Kirrplätze fast jede Nacht von den Wildschweinrotten aufgesucht. Nachdem ich aber die ersten Wildschweine dort erlegte, wurden sie bedeutend vorsichtiger und kamen oft erst bei völliger Dunkelheit. Ein besonders schlauer Keiler trickste mich längere Zeit aus. Der Vierjährige zog gleich, nachdem ich abfuhr, auf den Kirrplatz und holte den begehrten Mais heraus. Als ich einmal meinen Maiseimer vergaß und deshalb noch einmal zurückkehrte, kam ich ihm auf die Schliche. Ich änderte daraufhin meine Gewohnheit und kirrte erst relativ spät. Um anschließend nicht den weiten Weg nach Hause machen zu müssen, blieb ich meistens gleich im Revier oder fuhr nach Hohen-Woos.

Schon bei meinem ersten Aufenthalt in Hohen-Woos fiel mir ein sehr schönes, mit Schilf gedecktes niederdeutsches Hallenhaus auf. Das Haus gehörte damals Frau Emma Kroop. Ich lernte sie bei einem Spaziergang durch das Dorf kennen. Oma Kroop war trotz ihrer sechsundsiebzig Lebensjahre eine rüstige Frau und interessante Gesprächspartnerin. Während meiner Hohen-Wooser Zeit weilte ich oft bei ihr zu Gast und erfuhr dabei viel über das bäuerliche Leben in der Griesen Gegend. Das Kroopsche Haus war früher Bauernhaus und Schankwirtschaft zugleich. Bei großen Festlichkeiten, wie z. B. dem Erntefest oder Hochzeitsfeiern, wurde die Diele ausgeräumt, eine Tanzfläche aus vorgefertigten Bretterelementen aufgebaut und die Wände mit Eichenlaub geschmückt. Die Musiker hörten nie vor dem Morgen auf zu spielen. Doch das war einmal.

Im Herbst des ersten Jahres kam regelmäßig eine große Rotte Sauen von über zwanzig Stück an eine der Kirrungen, geführt von einer erfahrenen Bache. In hellen Mondnächten bewegte sie sich aber sehr vorsichtig, unter dem Motto: Lieber ein knurrender Magen als ein Loch in der Schwarte. An einem Abend, der Mond versteckte sich hinter einer dichten Wolkenschicht, und ich wollte schon nach Hause fahren, da zog die Rotte relativ früh auf den Kirrplatz. Die Wildschweine ahnten nichts von meiner Anwesenheit und ließen sich die Maiskörner schmecken. Von meinem Schirm aus konnte ich sie schemenhaft hin und her flitzen sehen. Für einen sicheren Schuß reichte das Licht aber nicht aus. Ich stand auf und schlich in Deckung einer jungen buschigen Kiefer näher heran. Nun konnte ich die kleinen und großen Wildschweine deutlicher unterscheiden. Ich schien schon einen Frischling im Rucksack zu haben. Aber es zeigte sich bald, daß man sich nicht zu früh freuen soll. Durch das Zielfernrohr meiner Jagdwaffe war die Sicht schlechter und so zirkulierte ich lange hin und her, bis ich einem alleinstehenden Frischling einen sicheren Schuß anbringen konnte. Das Mündungsfeuer blendete mich einige Sekunden. Deutlich hörte ich aber einen Kugelschlag. Nach einigen Minuten suchte ich den Kirrplatz ab, fand das beschossene Wildschwein aber nicht. Zum Glück hatte ich im Auto eine Taschenlampe. Im Lichtkegel sah ich die Schweißtropfen im weißen Sand. Am Verlauf der Schweißfährte erkannte ich, daß das beschossene Stück zusammen mit den anderen Rottenmitgliedern in die benachbarte Kieferndickung flüchtete. Der Schweiß nahm immer mehr zu. „Weit kann der Frischling nicht gekommen sein", dachte ich. „Was nun machen? Einen Hund holen oder die Nachsuche allein mit der Taschenlampe aufnehmen?" Ich entschloß mich, um Zeit zu sparen, für die letzte Variante. Fast auf allen Vieren kroch ich Zentimeter für Zentimeter durch die dunkle unübersichtliche Dickung. Meine Augen suchten im Licht der Lampe die Schweißtropfen und übersahen dabei so manchen pikenden Zweig, der mir schmerzhaft ins Gesicht schlug. Nach ungefähr zwanzig Metern kam ich durcheinander. Das kranke Stück schien einen Haken geschlagen zu haben. Als ich mich ein wenig aufrichtete, spürte ich plötzlich etwas Weiches hinter mir. Ich fuhr erschrocken hoch und leuchtete es an. „Lag da nicht eine starke Überläuferbache? Du hast doch auf einen Frischling geschossen", sagte ich mir. „Wie kann das angehen?" Eine Erklärung blieb ich mir vorerst schuldig. Der Abschuß war nicht verkehrt, doch ich brachte mich mit dieser Nachsuche in große Gefahr. „Wenn das Stück dich angenommen hätte, stündest du jetzt bestenfalls mit kaputten Hosen da", dachte ich. In der dunklen und sehr dichten Kieferndickung wäre ich gegen die angreifende Überläuferbache mit der Langwaffe sicher chancenlos. Darum sollte jeder Schütze abwägen, ob er sich einer solchen Gefahr aussetzt.

Unter großen Anstrengungen zerrte ich die aufgebrochene Überläuferbache aus der Dickung. Ich mußte wieder mal an Großvater denken, der immer sagte: Schieß nur auf die kleinen Wildschweine oder die ganz großen Keiler, sonst hast du nur unnötig Arbeit.

Am nächsten Tag sah ich mir den Anschuß noch einmal genauer an. Die Überläuferbache stand in einem Loch und kam mir dadurch viel kleiner vor, so daß ich sie mit einem Frischling verwechselte.

22. Der Polzer-Hirsch, eine Legende

Unsere Altforderen jagten, weil sie das schmackhafte Wildbret zur Ernährung ihrer Familien brauchten. Erst während des Feudalismus, wo die Hohe Jagd ein Vorrecht der Landesherren war und vor allem dem Vergnügen diente, gewannen die Trophäen der Tiere an Bedeutung. Besonders starke Exemplare oder Abnormitäten, wie z. B. der bekannte Moritzburger 66-Ender, wurden aufgehoben und zur Schau gestellt. Ende des 19. Jahrhunderts, als in Deutschland die ersten Jagdzeitschriften erschienen und regelmäßig über starke Trophäen und ihre Erleger berichteten, bekam der Trophäenkult enormen Aufschwung. Im dritten Reich wurde dann die Jagd auf sehr starkes Wild zur Chefsache von Hermann Göring erklärt und bis ins letzte Detail perfektioniert. Auch in der DDR, wo man immer krampfhaft nach Beweisen für die Vorzüge des Sozialismus suchte, wurden die Jagderfolge gern auf dem politischen Parkett präsentiert. Im internationalen Vergleich erwies sich die DDR der BRD, was die Anzahl der erbeuteten Medaillentrophäen betraf, haushoch überlegen. In kaum einem Land der Erde wird der Jagdtrophäe so viel Bedeutung beigemessen wie hier in Deutschland. Auch an mir geht ihre Faszination nicht vorbei. An meinen Wohnzimmerwänden hängen Rothirschgeweihe, Rehbockkronen und Keilerwaffen. Sie erinnern mich an viele einmalige, nicht wiederkehrende Erlebnisse in der Natur meiner mecklenburgischen Heimat.

Im Herbst 1971 fanden Soldaten der 9. Reservistenkompanie des Motschützenregimentes 28 aus Rostock bei einer Übung auf dem Truppenübungsplatz in Lübtheen in einer tiefen Senke einen verendeten Hirsch. Viel ließen die Kolkraben, Füchse, Wildschweine und vor allem die Maden vom Wildkörper nicht übrig. Nur die gewaltige Trophäe blieb wie durch ein Wunder fast unbeschädigt. Einer der Reservisten, dessen Vater selbst zur Jagd ging, erahnte die Einmaligkeit des Fundes und nahm das Geweih mit nach Rostock. Dort bekam der Weidmann, Stabsfähnrich Wilhelm Hendelkes, in dessen Batterie ich später als Soldat dienen

... Acht Jahre lang hielt der Polzer-Hirsch mit 231,87 Internationalen Punkten den DDR-Rekord ...

sollte, von dieser Entdeckung Wind und stellte die Trophäe sicher. Sie wurde wieder zu ihrem Fundort nach Lübtheen zurückgeschafft und von Jagdexperten des Militärforstwirtschaftsbetriebes (VEB) Lübtheen ausgepunktet. Man ermittelte über 230 Internationale Punkte. Die Trophäe erzielte damit eine Goldmedaille und zugleich DDR-Rekord. Die Sensation war perfekt! Die Ursache für seinen Tod ließ sich trotz intensiver Nachforschungen nicht mehr feststellen. Vielleicht forkelte ihn in der Brunft ein Rivale oder traf ihn sogar ein militärisches Geschoß. Erstaunlich, daß kein Jäger diesen Hirsch, der durch sein Endenreichtum und seine sehr breiten Stangen jeden Betrachter beeindruckt, lebend sah.

Um diese Trophäe auf internationalen Jagdausstellungen zeigen zu können, mußte ein Erleger erfunden werden. Der kurz vor der Pensionierung stehende Laupiner Revierförster und aktive Weidmann, Johannes Polzer, schien der richtige Mann dafür zu sein. Er machte sich unmittelbar nach dem 2. Weltkrieg um die Leussower Heide sehr verdient und setzte sich für den Aufbau eines guten und gesunden Rotwildbestandes ein. Vielen Jungjägern ist er ein Vorbild gewesen. Nach langem Zureden ließ er sich überzeugen. Alles geschah natürlich unter dem Mantel der größten Verschwiegenheit.

Acht Jahre lang hielt der Polzer-Hirsch mit 231,87 Internationalen Punkten den DDR-Rekord. Erst 1979 wurde er um 0,73 Internationale Punkte von einem Hirsch aus dem Kreis Genthin von seinem Spitzenplatz verdrängt. In den Jahren danach kletterte der Rekord in immer kürzeren Abständen in die Höhe. Auch jetzt vor der Jahrtausendwende scheint die Obergrenze bei der Trophäenstärke des Rotwildes in Deutschland noch nicht erreicht zu sein.

Zehn Jahre später sah ich an einem schönen Herbsttag auf einem Brunftplatz in der Nähe des Dorfes Hohen-Woos einen sechs- bis siebenjährigen Hirsch, dessen Geweih eine sehr große Ähnlichkeit mit dem Polzer-Hirsch zeigte. Eine Verwandtschaft konnte nicht ausgeschlossen werden.

23. Der "Riesenhirsch"

Es war Ende September zur Brunftzeit. Ich verabredete mich mit Weidgenossen Gerd Vogt aus Ludwigslust. Wir gingen damals gemeinsam in einem Hegegebiet des Forstrevieres Niendorf zur Jagd. Er gehört nicht zu den Jägern, die immer etwas erlegen müssen. Ihm bereiten das Beobachten der Tiere und das Studium ihres Verhaltens und ihrer Lebensweise genausoviel Freude. Gerd bekam damals vom Jagdkollektiv einen IIb-Hirsch zum Abschuß frei. Da ich seiner Meinung nach mehr Erfahrung mit Rotwild besaß, sollte ich ihm bei der Ansprache behilflich sein. Da wir uns immer sehr gut verstanden, sagte ich zu.
In meinem Terminkalender stand für den Sonnabend die Notiz: 15.00 Uhr, Quaster Grenze, Gerd.

Rechtzeitig angekommen, stellte ich den Trabant auf meinem Stammplatz an der Grenze zum Quaster Jagdgebiet ab. Die Sonne schien an diesem schönen Altweibersommertag so kräftig wie mitten im Hochsommer, und ich genoß ihre sanften Streicheleinheiten. Um die Zeit bis zum Eintreffen von Gerd zu überbrücken, ging ich ein Stück die Schneise entlang, kontrollierte die Wildwechsel und sah mich im angrenzenden Wald um.
Der überwiegende Teil unseres Hegebezirkes war mit dichten Kiefernjungbeständen bestockt. Soldatisch genau ausgerichtet stand dort Kiefer an Kiefer. Sie trieben sich erbarmungslos gegenseitig in die Höhe und nur die kräftigsten von ihnen konnten sich durchsetzen. Die abgestorbenen, zum Teil schon umgefallenen Bäume und das Gewirr trockner Äste erweckten in mir einen Eindruck von Unordnung. „Nach der nächsten Durchforstung wird der Bestand aber schon wesentlich besser aussehen", dachte ich. Ein ganz anderes Bild bot sich mir in dem benachbarten Kiefernaltholz. Dort schien die Sonne durch das lückenhafte Kronendach und verzauberte mit Licht und Schatten die alten und majestätischen Kiefern auf den kleinen Dünenzügen. Ich konnte mich an diesem herrlichen Bild nicht genug sattsehen. Am Rand einer kleinen Senke, dort wo Gerd gewöhnlich immer sein

Auto abzustellen pflegte, lag ein großer Haufen Pilzabfälle. Er nahm oft seine Frau Maria mit zur Jagd. Sicher bereitete sie dort, während er auf dem Hochsitz saß, die Pilzmahlzeit für den nächsten Tag vor. Ein so gutes Pilzjahr gab es schon lange nicht mehr. Überall, wo man auch hinschaute, stand Pilz an Pilz, meist Braunkappen, aber auch einige Fliegen- und Butterpilze. Man hätte sie buchstäblich mit der Sense abmähen können.

„Wo bleibt Gerd bloß", dachte ich. „Eigentlich ist er immer sehr pünktlich." Ich suchte mir im weichen Gras ein sonniges Plätzchen zum Verweilen.
Die Kahlfläche auf der anderen Seite des Weges gehörte schon zum Jagdgebiet Quast. Der Einschlag dieses Kiefernaltholzes erfolgte schon vor einigen Jahren. Die Fläche wurde jedoch noch nicht wieder aufgeforstet. Sie lag genau in Verlängerung der großen Schießbahnen des Truppenübungsplatzes. Eine normale forstliche Bewirtschaftung war hier wegen den wenigen schießfreien Tagen und der Munitionsverseuchung nicht möglich. An vielen Stellen siedelten sich schon wieder Gruppen junger Kiefern zwischen den ausgeblichenen grauen skelettartigen Kronenteilen an. Sicher trug der Wind die Samen dort hin. Auf der Quaster Seite konnte ich sechs Hochsitze einsehen.
Am Vortag beobachtete ich am Rand der Fläche Sigmund Jähn, den ersten deutschen Kosmonauten, wie er einen Rotspießer anzupirschen versuchte. Aber der Hirsch bemerkte ihn rechtzeitig und sprang ab. Ich leuchtete mit meinem Fernglas die Hochsitze ab, konnte aber keinen Jäger entdecken.

Gerd war bereits eine dreiviertel Stunde überfällig. Das Röhren der Hirsche in den umliegenden Dickungen und Stangenhölzern nahm ständig zu. Plötzlich bemerkte ich vor mir am Rand der Freifläche einen Geweihten. Ich sah durch mein Fernglas und dachte, ich traue meinen Augen nicht.
Dort stand ein so gewaltiger Geweihter, wie ich ihn in meinem Jägerleben noch nie sah. Nicht nur, daß er alle Merkmale eines alten, reifen Hirsches mit einem außergewöhnlich starken Körperbau aufwies, sondern er trug auch noch ein gigantisches Geweih. Beide Kronen bestanden aus vielen kleinen und großen Enden, sie glichen fast einem zusammengebundenen Blumenstrauß. Es gelang mir trotz großer Anstrengung nicht, ihre Anzahl zu ermitteln. Die Stangen seines Geweihs waren überdurchschnittlich lang und stark, ebenso die Aug-, Eis- und gegabelten Mittelsprossen. Begleitet wurde er von einem stärkeren Sechzehnender. An Größe unterlag er weit dem Rivalen. Er umkreise den Kapitalen in einer Tour und versuchte ihn durch starkes Röhren zu provozieren. Dieser ignorierte ihn völlig und zog zielstrebig weiter. Nur einmal blieb er stehen, hob sein gewaltiges Haupt und tat so, als ob er ebenfalls röhren wollte. Hören konnte ich aber nichts. „Warum ist Gerd noch nicht da?" dachte ich. „Ohne Zeugen würde man mir das Gesehene kaum glauben." Der "Riesenhirsch" zog langsam weiter und verschwand mit seinem Begleiter hinter einem Waldvorsprung. „Jetzt fällt bestimmt gleich ein Schuß", dachte ich. Doch es blieb still.

Richtig aufgewühlt, konnte ich nicht länger stillsitzen. Dieses Erlebnis mußte ich erst einmal verarbeiten. Da es für einen Stellungswechsel im Revier schon reichlich spät war, fuhr ich nach Hause. Bei einem Glas Bier sah ich meine Rotwildbücher und Trophäenkataloge durch. Alle dort abgebildeten oder beschriebenen Rotwildtrophäen hielten einem Vergleich mit dem Geweih des "Riesenhirsches" nicht stand.

Am nächsten Tag stellte sich dann heraus, daß es zwischen Gerd und mir ein Mißverständnis bei der Terminabstimmung des letzten Abends gab.

Wie vorausgesehen, wollten mir meine Forstkollegen den "Riesenhirsch" nicht abnehmen. Ich nahm es ihnen nicht übel. Das Außergewöhnliche ist oft schwer zu glauben. Auch meine Hoffnung, daß dieser Hirsch noch von anderen Weidgenossen in den umliegenden Jagdgebieten gesehen wurde, erfüllte sich nicht.

Es bleibt ein Geheimnis der Natur, wie so ein Riese unter den Rothirschen unbemerkt heranwachsen und seiner Wege ziehen kann. Er liebte wahrscheinlich die Ruhe und Abgeschiedenheit, mußte nicht unentwegt auf sich aufmerksam machen, so wie andere "Schreihälse" während der Brunft. Er zog es vor, im Verborgenen zu bleiben und nur ausgewählten Hirschdamen den Hof zu machen.

Weidgenossin Stechbarth aus Potsdam schoß 1984 in Lübtheen einen starken Goldmedaillenhirsch, dessen Trophäe auf der agra in Leipzig-Markkleeberg 227,99 Internationale Punkte erhielt. Die Form und die Länge der Stangen wiesen eine gewisse Ähnlichkeit mit dem "Riesenhirsch" auf, kamen aber lange nicht an seine Stärke heran.

24. Der Brunftplatz in der Abteilung 103

Die Leussower Heide ist mit ihren über 6.000 Hektar das größte zusammenhängende Waldgebiet in Südwestmecklenburg. In östlicher Richtung schließt sich fast nahtlos der Kalißer Forst an. Beide Waldkomplexe sind nur durch die Feldmark der Gemeinde Niendorf bei Tewswoos getrennt. Sechs Kilometer weiter südlich beginnt schon ein drittes großes Waldgebiet, der "Grüne Jäger". Er wird in der Längsausdehnung durch die Ortschaften Neuhaus an der Elbe und Tripkau begrenzt und gehört heute wieder zu Niedersachsen. Das Rotwild, unsere größte einheimische Schalenwildart, kommt in diesen großen Heidegebieten östlich der Elbe noch immer sehr zahlreich vor und findet hier die notwendige Ruhe vor den Menschen. In seinen Nahrungsansprüchen ist es relativ bescheiden und ernährt sich, wenn es sein muß, von Drahtschmiele und Heidekraut. In den Winter-, Frühjahrs- und Sommermonaten steht es aber sehr gern an den Waldrändern und zieht nachts auf die angrenzenden Felder und Wiesen, um sich dort von den kalorienreichen landwirtschaftlichen Früchten zu bedienen. Die Schäden sind teilweise erheblich.

Der ehemalige Militärforstwirtschaftsbetrieb (VEB) Lübtheen, der fast die gesamte Leussower Heide zu DDR-Zeiten forstlich und jagdlich bewirtschaftete, gab jährlich beachtliche Geldmittel für die Fütterung des Rotwildes aus. Ein Netz von Großfütterungen überzog die Heide. Damit sollte das Rotwild von den Feldern abgelenkt und die Schäden in der Land- und Forstwirtschaft gesenkt werden. In Wirklichkeit ermöglichte dies eine wesentlich höhere Wilddichte und eine jährliche Steigerung der Abschüsse von starken Trophäenträgern.

Von 1980 bis 1983 ging ich im Forstrevier Niendorf, einem der fünf Reviere der Leussower Heide, zur Jagd. Besonders während der Rotwildbrunft hatte ich dort viele einmalige Erlebnisse. Einer der bekanntesten Brunftplätze lag damals in diesem Revier und zwar in der Abteilung 103. Hier fingen die ersten Hirsche in der

Heide an zu röhren und hier hörte die Brunft im Oktober auf. Mehrere kleine Hügel gruppieren sich dort um einen größeren Dünenzug und boten den Hirschen zusammen mit der dichten Kiefernbestockung optimale Brunftbedingungen. Die große Düne beanspruchte der Platzhirsch und auf den benachbarten kleinen schlugen die Beihirsche ihre Brunftkuhlen in den gelben Sand.

Früher war ich der Meinung, und so steht es auch in fast allen Fachbüchern, daß der Hirsch zum Kahlwild zieht. Aber in den Weiten der Heide, wo das Rotwild noch fast unter natürlichen Bedingungen lebt, scheint es zum Teil umgekehrt zu sein. Das größte Rudel Kahlwild, das ich in der Abteilung 103 sah, bestand aus neun Stücken. So wenig weibliches Wild kann aber unmöglich die gesamte Brunft über sechs bis zehn stärkere Hirsche an sich binden. Wahrscheinlich ziehen dort nur immer die brunftigen Alttiere und Schmaltiere zu den Hirschen. Auch im Verhalten unserer Wildtiere gibt es offensichtlich keine Regel ohne Ausnahme.
Die Abteilung 103 sowie die Nachbarabteilungen waren damals mit 30-35jährigem Kiefernstangenholz bestockt. Jagdlich ein relativ schlecht erschlossenes Gebiet. Nur zwei benachbarte Waldbrandschutzstreifen boten genügend Sicht und ausreichend Schußfeld. Als ich das erste Mal zur Hochbrunft auf einer der Kanzeln in der Nähe des Brunftplatzes saß, überwältigte mich das Brunftkonzert regelrecht. Nur wenn der Sprengruf des Platzhirsches oder sein gewaltiger Siegesruf erklang, zog für eine Weile Ruhe ein. Aber der Respekt der Rivalen hielt gewöhnlich nie lange an. „Hier geht es ja wie in einem Kuhstall zu", dachte ich. Ich versuchte, die vielen tiefen und höheren Stimmen zu sortieren und mir die dazugehörigen Hirsche vorzustellen. Nur sehr selten zog einer der Geweihten über die schmalen Schneisen oder die Feuerschutzstreifen und wenn, dann meist ein jüngerer. Auch am Morgen zeigte sich kein anderes Bild. Das Rotwild schien vor allem nachts in Bewegung zu sein. Zum Verzweifeln, ich kam mir wie in einem Theater vor, in dem nie der Vorhang hochgezogen wird. Zum Ende der Brunft konnte ich meine Neugier nicht mehr bremsen. Ich nahm mir vor, hinter die Kulissen zu schauen.

Nach einem Morgenansitz, die Sonne schien und es versprach ein schöner Herbsttag zu werden, pirschte ich gegen den Wind auf einem der stark belaufenen Wechsel an den Hauptbrunftplatz heran. Am Rand der Abteilung war das Kiefernstangenholz noch normal bestockt. Je näher ich aber dem Hauptbrunftplatz kam, desto lichter wurde es. Die Hirsche beschädigten jedes Jahr ein Teil der Kiefern so stark, daß sie eingingen oder bei starkem Wind abbrachen. Plötzlich bemerkte ich links von mir, in ungefähr zwanzig Metern Entfernung, auf einem kleinen Hügel einen Hirsch. Ich blieb sofort stehen und wartete gespannt, was passieren würde. Meine Befürchtung, daß er verängstigt abspringt und mein Vorhaben vereitelt, bestätigte sich nicht. Der Hirsch blieb regungslos in seiner Brunftkuhle sitzen. Als er nach einigen Minuten immer noch keine Reaktion zeigte, pirschte ich vorsichtig Zentimeter um Zentimeter weiter. Noch standen ja immer einige Bäume als Deckung zwischen uns. Kritisch wurde es, als ich die Kiefernreihe durchqueren mußte, in der seine Brunftkuhle lag. Nun saß der kapitale Sechzehnender, ungefähr vom achten Kopf, völlig frei vor mir. Sein Haupt lag auf dem Waldboden, die Augen, oder Lichter wie wir Jäger sagen, geschlossen. „Er wird doch wohl von keinem anderen Nebenbuhler zu Tode geforkelt worden sein", dachte ich für einen kurzen Moment. Aber nein, durch mein Fernglas sah ich, daß sich sein Brustkorb bei jedem Atemzug hob und senkte. Der Beihirsch war einfach geschafft und schlief vor Erschöpfung. Ich ging vorsichtig weiter, schaute mich aber noch mehrmals um. So etwas erlebte ich bisher noch nicht. „An dem ersten Wachposten bist du gut vorbeigekommen", dachte ich erleichtert. Ich betrachtete immer wieder sehr aufmerksam die Umgebung. „Nicht, daß dich das Kahlwild mitbekommt." Es ist in dieser Zeit, im Gegensatz zu den Hirschen, viel vorsichtiger und schläft nicht.
Vielleicht zehn Meter näher an den Hauptbrunftplatz herangekommen, entstand erneut Unruhe. Einer der Beihirsche wagte sich wohl zu nahe an das brunftige Kahlwild heran und wurde nun vom Platzhirsch in die Schranken gewiesen. Als das Prasseln verstummte, stieß der Herrscher des Platzes einen Sprengruf aus und kurz darauf folgte der Siegerruf. Ein kräftiges „ä - uh - ä" dröhnte an mein Ohr. Plötzlich tauchten völlig unerwartet links

... Der Beihirsch war einfach geschafft
und schlief vor Erschöpfung ...

neben mir zwei weitere Hirsche auf. Sie gingen, nur getrennt von einer Kiefernreihe wie zwei Pferde in einem Gespann nebeneinander her. Obwohl sie ihr Geweih vor sich zur Seite gedreht hielten, schienen sie sich genau zu beobachten. Als sie an eine kleine Blöße kamen, stürzten sie sich plötzlich aufeinander und ein wilder Kampf begann. Mir wurde mulmig. Ich befürchtete einen Moment lang, daß sie mich bei der blinden Kampfeswut übersehen könnten. Aber ich behielt die Nerven und genoß das Schauspiel. Die beiden Hirsche, einer ein kapitaler Zwölfender und der andere wies noch einige Enden mehr auf, schienen körperlich gleich stark zu sein. Mal gewann der eine, dann wieder der andere einige Meter an Boden. Ihre Hinterläufe bohrten sich tief in den weichen Waldboden. Alle Muskeln waren aufs äußerste angespannt und ihre Brunftrute zuckte vor Erregung. Nach einigen Minuten ließen sie plötzlich voneinander ab und der Zwölfender zog, als wäre überhaupt nichts gewesen, zu seiner Brunftkuhle zurück. Außer Sichtweite röhrte sein Rivale wie ein Sieger hinter ihm her, nahm eine unterarmstarke Kiefer zwischen die Enden seiner Krone und brach sie mit einer kurzen kraftvollen Bewegung ab. Danach verschwand auch er hinter dem vor mir liegenden Dünenkamm. Das Alter der beiden Zukunftshirsche schätzte ich auf acht bis neun Jahre.

Ich kroch bis an den Rand der Düne, gespannt, was ich als nächstes erleben würde. Nun trennte mich nur noch eine kleine Senke vom Hauptbrunftplatz. Vom ursprünglichen Kiefernbestand war dort kaum etwas übriggeblieben. An mehreren Stellen befanden sich vom Platzhirsch in den Waldboden geschlagene Brunftkuhlen. Der frische gelbe Sand leuchtete verräterisch in der Sonne. Es roch sehr stark nach brunftigem Hirsch. „Hoffentlich nimmst du den Geruch nicht an", dachte ich. „Aber wo befand sich der Platzhirsch mit seinem Kahlwild?" Weiter konnte ich mich auf keinen Fall vorwagen. Ich legte mich hinter eine abgebrochene Kiefernkrone und wartete. Zum Glück fiel in den letzten Tagen kein Regen, so lag ich auf einem angenehm trockenen Kiefernadelnbett. Nach einigen Minuten zog ein körperlich sehr starker Geweihter mit fünf Stücken Kahlwild auf den Brunftplatz. Ich spürte seine Erregung und als er am Rand einer Brunftkuhle stand, röhrte er noch einmal drohend, daß es mir kalt über den

Rücken lief. Laß dich bloß nicht wieder sehen, sollte das wohl heißen. Das Kahlwild äugte beunruhigt hin und her. „Nun bloß nicht unnötig bewegen", dachte ich. „Hoffentlich bekommen sie keinen Wind!" Der Platzhirsch, ein gewaltiger ungerader Achtzehnender mit langen starken Stangen, schnupperte am Hinterteil eines Alttieres und trieb es vor sich her. Als es nach einigen Metern stehen blieb, stieg er auf und beschlug es. Nun wurde ich Zeuge für den Beginn neuen Rotwildlebens. In 34 Wochen würde das Kalb das Licht der Welt erblicken und vielleicht einmal selbst so ein starker Hirsch werden. Ich schätzte das Alter des Platzhirsches auf mindestens zwölf Jahre. Sein gewaltiges Geweih schien mir goldmedaillenverdächtig.

Nach zwanzig Minuten trat ich vorsichtig meinen Rückzug an. Obwohl mich die ganze Situation faszinierte, kam ich mir die ganze Zeit wie ein Störenfried vor, der sich in den heiligen Tempel der Hirsche schlich und alles zu entweihen drohte.

25. Der Wolf in der Leussower Heide

Wildernde Hunde sind eine Geißel für das Wild. Ich konnte schon mehrmals beobachten, wie geübte Hunde beim Wildern vorgehen. Oft schließen sich zwei befreundete Hunde zusammen und gehen gemeinsam auf die Jagd. Der eine fungiert als Treiber und der andere bleibt im Hinterhalt zurück und schneidet dem flüchtenden Wild den Weg ab. Die Hundepärchen können sehr unterschiedlich aussehen. Der Fänger muß aber schnell und groß sein. Das Treiben können auch kleine Hunde übernehmen, denen man das Wildern nie zutrauen würde. Überall, wo wildernde Hunde auftauchen, verbreitet sich Angst und Schrecken unter den Wildtieren. Besonders Jungtiere fallen ihnen sehr leicht zum Opfer.

Schon im Winter 1983/84 deutete das Verhalten der Tiere im östlichen Teil der Leussower Heide auf die Anwesenheit eines wildernden Hundes hin. Das Wild wechselte oft seine Einstände, zeigte sich heimlicher und reagierte nervös. Immer wieder entdeckte man auf den Schneisen große Hundespuren. Wir Jäger und Förster zerbrachen uns den Kopf, aus welchem der umliegenden Dörfer dieser Hund wohl stammen könnte. Indirekt wurden Hundehalter mit großen Hunden kontrolliert und Befragungen vorgenommen. Alle Bemühungen führten zu keinem befriedigenden Ergebnis.

Am 16. September 1984 saß der Revierförster Jürgen Welk im Revier Niendorf auf einem seiner Lieblingshochsitze. Die Rotwildbrunft war in vollem Gang, und er wollte einen alten Hirsch bestätigen. Vor ihm auf dem großen Wildacker äste nur ein mittelalter Hirsch. Sonst zeigte sich um die Tageszeit schon viel mehr. Die ständigen Störungen wirkten sich auch hier sehr negativ aus. Nicht ein einziges Stück Kahlwild ließ sich bisher sehen. Plötzlich sprintete ein grauer Hund aus dem Wald und stürzte sich auf den Hirsch. Dieser bemerkte den Angreifer noch in letzter Sekunde und riß seinen Träger herum. Dadurch packte ihn der

... Woher stammte der Wolf? ...

Hund nicht, wie beabsichtigt, an der empfindlichen Drossel, sondern nur in der Mähne. Nach einigen Fluchten schüttelte der Hirsch den Angreifer ab, und beide verschwanden im gegenüberliegenden Kiefernjungbestand. Alles ging so schnell und überraschend, daß Weidgenosse Welk nicht zum Schuß kam. Ärgerlich dachte er über das Gesehene nach, als plötzlich die Umrisse des Hundes auf der gegenüberliegenden Düne wieder sichtbar wurden. Schnell brachte der Jäger seine Waffe in Anschlag und schoß auf den über zweihundert Meter entfernten Übeltäter, der getroffen zusammenbrach. Weidgenosse Welk kletterte vom Hochsitz, ging mutig an das schwerkranke Tier heran, und erlöste es mit einem Fangschuß. Nun war der gefährliche Räuber endlich gefaßt und die Jägerschaft in der Leussower Heide konnte aufatmen. Stolz auf sich, betrachtete der Schütze den riesigen Rüden. So einen großen grauen Hund fiel ihm noch in keinem der umliegenden Dörfer auf. Als der Hund auf dem Forsthof in Niendorf lag und von anderen Jägern bestaunt wurde, kam zum ersten Mal der Verdacht auf, daß es sich vielleicht um einen Wolf handeln könnte. Das hätte auch viele Verhaltensweisen dieses Tieres erklärt.

Das Studium der Jagdliteratur brachte aber keine befriedigende Antwort. Wölfe und wolfsähnliche Hunde können sich in einzelnen Körper- und Schädelmerkmalen stark ähneln, so daß ein Laie eine Trennung nach qualitativen Merkmalen kaum vornehmen kann. Um hundertprozentig sicher zu gehen, mußten der Schädel gründlich vermessen und die gewonnenen Daten analysiert werden. Zu Wochenbeginn schaffte der Forstbetrieb den vermeindlichen Wolf zum Zoologischen Garten nach Schwerin. Mit den dortigen Experten einigte man sich, daß es sich mit hoher Wahrscheinlichkeit um einen Wolf handelt. Die endgültige Bestätigung kam erst Monate später.

Woher stammte dieser Wolf? Ausbrüche aus einem Zoo, Tierpark oder Zirkus gab es nicht. Der Wolf konnte nur aus der Volksrepublik Polen eingewandert sein. Dort erhöhten sich die Wolfsbestände seit Anfang der achtziger Jahre erfreulicherweise wieder. Einzelne Wolfsrüden überschritten bei der Suche nach neuen Lebensräumen die vom Menschen geschaffenen geographischen Grenzen und drangen auf den alten "Wolfsstraßen" gen Westen vor. Bestimmt wäre der Wolf noch weiter gezogen, aber die innerdeutsche Grenze konnten selbst Wölfe schwer überwinden.

Zweieinhalb Jahre später, am 28. Februar 1987, erlegte Oberförster Horst Becker aus Lübtheen ganz in der Nähe einen zweiten Wolfsrüden. Beide Wölfe lebten monatelang in der wildreichen und fast menschenleeren Leussower Heide. Risse von Wild- oder Haustieren wurden nicht gefunden. Wahrscheinlich ernährten sie sich in erster Linie von den zahlreichen Wildaufbrüchen und kleineren Tieren.

Von 1982 bis 1987 wurden in der damaligen DDR insgesamt fünf Wölfe gestreckt. Nach der dritten Durchführungsbestimmung zum Jagdgesetz der DDR vom 15.06.1984 war der Wolf ganzjährig jagdbar.

Eine großflächige Wiedereinbürgerung des Wolfes in Deutschland, wie sie einige Naturschützer fordern, halte ich derzeit für sehr problematisch. Die dichte Besiedlung durch den Menschen und die großen Haustierbestände, die teilweise ganzjährig auf der Weide bleiben, verbieten diesen Schritt. Wenn der Bevölkerungsrückgang in Mecklenburg-Vorpommern allerdings weiter so anhält, könnte der Wolf eines Tages seine alten Lebensräume in diesem Teil Deutschlands wieder einnehmen.

26. Das "Platzkommando"

Wildschweine gehören zu den intelligentesten Wildtieren unserer Heimat. Wie gut sie sich auf den Menschen einstellen können, beobachtete ich jahrelang am sogenannten "Platzkommando", einer größeren Wildschweinrotte auf dem Truppenübungsplatz in Lübtheen. Sie ernährte sich zum größten Teil von Abfällen, die die Soldaten in ihren Feldlagern hinterließen. Wer selbst Soldat war und mal ein Feldlager mitmachte, weiß, was alles weggeworfen wird. Wegen der schwierigen Bejagung in der Nähe der Truppenlager vergrößerte sich die Wildschweinrotte mit den Jahren immer mehr. Blieben die Soldaten einige Tage abwesend, zogen die Wildschweine durch die umliegenden Dörfer und kontrollierten dort die Mülltonnen und Abfallhaufen. Auch die Kleinstadt Lübtheen und die Kleingärten blieben nicht verschont.

Wie gut sich freilebende Wildschweine an den Menschen gewöhnen können, zeigten die Untersuchungen von Herrn Heinz Meynhardt, der sich mit einer Wildschweinrotte "anfreundete" und ihr Verhalten jahrelang studierte. Mit Begeisterung las ich alle seine Bücher. Viele Verhaltensweisen, die ich bei der Aufzucht der beiden Frischlinge Willi und Sascha und bei der praktischen Jagdausübung kennenlernte, fand ich hier bestätigt.

Als ich 1987 in Probst-Jesar mit dem Bau meines Eigenheims begann, sollte ich das Platzkommando das erste Mal persönlich kennenlernen. Für die Errichtung des Dachstuhls gewann ich den erfahrenen Zimmermann Günter Lahs aus Lübtheen und einen seiner Arbeitskollegen. Gute Zimmerleute waren in der DDR rar. Um die beiden zu unterstützen, nahm ich Urlaub. Es geschah am zweiten Tag. Ich ging auf das Nachbargrundstück, um das Stromkabel einzustecken. Plötzlich liefen beide Zimmermänner hinter mir her und fuchtelten wild mit den Armen. „Wildschweine! Wildschweine!" riefen sie. Ich sah sie verdutzt an. „Was suchen Wildschweine am hellichten Tag auf der Baustelle?" fragte ich mich erstaunt. „Und warum laufen sie nicht weg?" Ohne lange zu überlegen, ging ich auf die Baustelle. Zwischen den Balken stand tatsächlich eine große Rotte Sauen. Sechs Bachen, einige Überläufer und unzählige Frischlinge suchten dort anscheinend nach Freßbarem. Eine besonders große Bache schien das Leittier zu sein. „Was wollt ihr denn hier?" fragte ich. Für Sekunden richteten sich alle Wildschweinaugen auf mich und es kam mir so vor, als wenn die Bachen genau wußten, daß ich ihnen im Moment nichts tun konnte. Sie wichen keinen Zentimeter zurück. Nun wurde mir doch ein wenig komisch, und ich verspürte einen erhöhten Druck in der Magengegend. Mit bloßen Händen konnte ich gegen so eine Wildschweinübermacht nichts ausrichten. Einige Frischlinge kamen sogar noch ein Stück näher. Sie schienen auf die Stärke und Weisheit ihrer Mütter zu vertrauen. In meinem Jagdgebiet mußte ich alle möglichen Tricks anwenden, um die Wildschweine vor die Flinte zu bekommen, und hier waren sie zum Greifen nahe. Erst als ich in die Hände klatschte und sie laut aufforderte, zu verschwinden, verzog sich die Rotte langsam im angrenzenden Wald.

Einige Wochen später konnte ich den Mut der Wildschweine erneut bestaunen. Die "Waldbaude", eine kleine Gaststätte am Probst-Jesaer See, wurde damals von Frau Helga Tobela betrieben. Wenn ich am Wochenende auf meinem Grundstück arbeitete, ging ich, um Zeit zu sparen, zu ihr in die Gaststätte zum Mittagessen. Als ich an einem Sonnabend nichtsahnend dort ankam, stand das "Platzkommando" vor der Eingangstür und ließ sich von den Anwesenden mit Brot füttern. Ein Bild, das drollig und auch beeindruckend auf mich wirkte. Ich staunte. Eine besonders mutige Bache wagte sich sogar bis in den Eingangsbereich der Gaststätte.
Bei solchen Begegnungen sollte man auf keinen Fall die Gefahr außer Acht lassen. Es sind Wildtiere, damit in solchen Situationen nicht berechenbar.
Als ich so dastand und das muntere Treiben beobachtete, spürte ich plötzlich an meiner linken Hand einen feuchten Atem und sah mich erschrocken um. Eine der Bachen schlich sich unbemerkt von hinten heran, um zu sehen, ob ich ihr ein Stück Brot mitgebracht. „Wenn sie nun zugebissen hätte?"

Völlig unvorbereitet traf es auch meinen Bekannten, Werner Thomas, aus Berlin, der einige Tage bei mir in Probst-Jesar zu Besuch weilte. Er ist kein Jäger, dafür aber ein leidenschaftlicher Angler und großer Naturfreund. Schon früh am Morgen setzte er sich am See auf einen kleinen künstlich aufgeschütteten Damm und lauerte dort den Fischen auf. Seinen bis dahin bescheiden ausgefallenen Fang legte er hinter sich neben dem Fischfutter ab. Als er nun so dasaß, die Pose auf dem Wasser beobachtete und von den großen Fischen im See träumte, hörte er plötzlich verdächtige Geräusche hinter sich. Er drehte sich um und bekam einen fürchterlichen Schreck. Die Frischlinge des "Platzkommandos" waren gerade dabei, das Fischfutter und die Fische zu verspeisen. Die Bachen standen am Ende des Damms, sahen dem mutigen Treiben ihrer Sprößlinge zu und gaben ihnen sozusagen Rückendeckung. Werner Thomas wußte nicht, daß es sich bei den Wildschweinen um eine "halbzahme" Rotte handelte und wäre beinahe ins Wasser gesprungen. Er behielt aber die Nerven und ließ die Sauen mit ihrer Beute abziehen. Am Frühstückstisch konnte er darüber schon wieder lachen.

Im Herbst, die ersten Felder waren abgeerntet, ging ich oft früh morgens auf die Jagd und paßte die Wildschweine auf ihrem Rückwechsel in die Tageseinstände ab. Schoß ich ein Stück Wild oder erwies sich eine Nachsuche als notwendig, was auch vorkam, stand mir der neue Tag zur Seite, und ich brauchte die Schweißtröpfchen nicht mit der Taschenlampe im Dunkel der Nacht suchen. Ein Problem gab es aber. Ich mußte den inneren Schweinehund überwinden und gleich, wenn der Wecker klingelte, aus den Federn kriechen. Manches Stück Wild blieb am Leben, weil ich mir sagte: Ach fünf Minuten hast du noch Zeit, und wieder einschlief.

An einem Morgen, ich trank in aller Eile eine Tasse Kaffee und überlegte, wo ich die Wildschweine am besten antreffe, schaltete ich im Keller das Licht an und erschrak fürchterlich. Im Lichtkegel vor dem Fenster stand ein Wildschwein und sah mich an. Nur eine dünne Glasscheibe trennte mich von der mittelalten Bache. „Nun schicken die Wildschweine schon ihre Spione!"

dachte ich und öffnete vorsichtig die Haustür. Der Rest der Rotte inspizierte gerade mein Grundstück. Als ich vor die Tür trat, zogen sie bedächtig ab. Die Wildschweine wußten offensichtlich genau, daß wir Jäger sie im Umkreis von 200 Meter an bewohnten Grundstücken nicht schießen durften.

Als ich einige Monate später den Zaun für mein Grundstück plante, gab es für mich eine wichtige Prämisse: Der Zaun mußte wildschweinsicher sein.

27. Die Schorfheide

Die Schorfheide nördlich von Berlin war schon zu allen Zeiten ein beliebtes Jagdgebiet der jeweils Herrschenden, so auch in der DDR. Neben Erich Honecker, Generalsekretär des ZK der SED und Vorsitzender des Staatsrates der DDR, gingen dort vor allem die Politbüromitglieder der SED Günter Mittag und Horst Sindermann zur Jagd. Forstlich und jagdlich wurde die Schorfheide vom Militärforstwirtschaftsbetrieb (VEB) Schorfheide bewirtschaftet. Im Unterschied zu den anderen neun Militärforstwirtschaftsbetrieben gab es in der Schorfheide keine militärische Nutzung. Alles ordnete sich hier allein der Jagd unter. Für den Außenstehenden ließen sich die Vorgänge in diesem Betrieb nur schwer durchschauen. Ein großes unsichtbares Tarnnetz schirmte alles ab.

Im Jahr 1985 kam von Generalmajor Klaus Senf, dem damaligen Chef der Militärforstwirtschaft im Ministerium für Nationale Verteidigung in Strausberg, die Anweisung, daß alle Militärforstwirtschaftsbetriebe nacheinander zu einem einmonatigen Einsatz in die Schorfheide gehen und dort Schadholz in Jungbeständen aufarbeiten sollten. Alle im Holzeinschlag tätigen Waldarbeiter und die dazu gehörende Rücketechnik, Holzhacker und Transportfahrzeuge mußten umgesetzt werden.
Hinter vorgehaltener Hand wurde erzählt, daß Honecker bei einem seiner Jagdausflüge vom üblichen Weg abgekommen und dabei in einem Kiefernstangenholz über Unmengen von Schadholz "gestolpert" wäre. Diese Unordnung vereinbarte sich nicht mit dem offiziellen Bild von der Forstwirtschaft in der DDR und sollte so schnell wie möglich beseitigt werden.

Mich, zu der Zeit Fachdirektor für Produktion im Militärforstwirtschaftsbetrieb (VEB) Lübtheen, beauftragte der Direktor mit der Vorbereitung und Durchführung des einmonatigen Einsatzes. Dadurch ergab sich die einmalige Gelegenheit, hinter die Kulissen der Schorfheide zu schauen.

Als Direktor des Militärforstwirtschaftsbetriebes (VEB) Schorfheide fungierte damals der Landforstmeister Christian S. Ich merkte aber sehr schnell, daß die eigentlichen Fäden in diesem Betrieb von anderen Kräften gezogen wurden. Die Jagd unterstand Generalforstmeister Hans W., einem ehemaligen längst im Rentenalter befindlichen Revierförster, der es wohl durch die Nähe zu Honecker zu diesem Titel brachte. Schließlich konnte nur ein Generalforstmeister den Generalsekretär jagdlich führen, alles andere wäre nicht "standesgemäß" gewesen. So kam es zu dem Kuriosum, daß wir in der DDR zwei Generalforstmeister hatten. Generalforstmeister W. besaß in der Schorfheide fast immer die besseren Karten. Aber da gab es noch andere Kräfte. Nicht ohne Einfluß blieben die Jagdleiter in den einzelnen Revieren. Einige von ihnen verstanden es, ihre Interessen den hohen Jagdherren "unterzuschieben". Eine sehr unrühmliche Rolle spielte auch die Ehefrau von Politbüromitglied Günter Mittag. Sie "wachte" über alle Vorgänge in der Schorfheide, und wer es sich mit dieser Frau verdarb, konnte gleich die Koffer packen. Mißgunst und Intrigen waren in der Schorfheide an der Tagesordnung.

Ich wollte es zuerst gar nicht so recht glauben, aber die gesamte Schorfheide umfaßte zu DDR-Zeiten ein Zaun, während meine Eltern jahrelang keinen Maschendraht für die Umfriedung ihres Gartens zu kaufen bekamen. Günter Mittag ließ extra eine spezielle Drahtflechtmaschine aus der BRD importieren. Sogar die Holzpfähle für den Zaun wurden mit einer speziellen Methode imprägniert. Aus Gesprächen und Andeutungen entnahm ich, daß es Honecker in erster Linie darauf ankam, möglichst viel Wild zu erlegen. Wenn er bei einem Jagdausflug mehrere Stücken Wild streckte, war er zufrieden. Wahrscheinlich meinte er, damit einen wichtigen Beitrag zur Versorgung der Bevölkerung zu leisten. Die dafür notwendigen Aufwände, sah er aber nicht oder wollte sie nicht sehen.
Honecker stellte seine Spitzentrophäen im Gegensatz zu den anderen Partei- und Staatsführern sozialistischer Länder nicht auf nationalen und internationalen Ausstellungen aus. Die ehemaligen Politbüromitglieder der SED, wie z. B. Grüneberg, Mielke,

Hoffmann und auch Mittag, legten dagegen mehr Wert auf starke Trophäen und ließen den Wildbestand in ihren "persönlichen" Staatsjagdgebieten entsprechend bewirtschaften. Das Äsungsangebot im Wald und auf den zahlreichen sehr gut gepflegten Wildäckern und Wildwiesen reichte bei weitem nicht aus, um die hohen Schalenwildbestände in der Schorfheide zu ernähren. Fast überall äste das Wild die Drahtschmiele und die Blaubeeren bis auf den Erdboden ab, und so hoch wie es mit seinem Äser reichen konnte, gab es kein grünes Blatt an den Bäumen. Sie nahmen sich die eigene Deckung. Ein dichtes Netz von Wildfütterungen durchzog die Schorfheide. Täglich wurden Tonnen von Kraftfutter verfüttert. Zur Durchführung aller Arbeiten standen ein umfangreicher Mitarbeiterstab und ein großer Technikpark zur Verfügung. Noch unmittelbar vor der Wende, schon zu Zeiten leerer Staatskassen, wurde in Groß Schönebeck ein, für die Verhältnisse in der Militärforstwirtschaft, moderner Stützpunkt gebaut. Trotz all dieser Maßnahmen kam es in den Kiefernjungbeständen zu sehr großen Schäden. Von außen sahen diese unmittelbar nach dem Krieg in einer hervorragenden Qualität begründeten Kiefernbestände noch gut aus, aber im inneren waren sie größtenteils zusammengebrochen. Das Rotwild schälte fast jeden Baum. Hell leuchtete einem das nackte, von Rinde "befreite" Holz von weitem entgegen. Viele Kiefern starben dadurch oder brachen bei starkem Wind ab. Ohne jahrzehntelange Zäunung bekam man in der gesamten Schorfheide keine Aufforstung hoch. Ich sah dort Kiefern und Fichten, die nach zwanzig Jahren gerademal die Höhe von einem Meter erreichten. Der ständige Wildverbiß ließ sie zu Bonsais werden. Bei einem mehr auf Qualität ausgerichteten Jagdbetrieb, hätte man mit einer geringeren Wilddichte auskommen und die Schäden am Wald verringern können.

Die Schorfheide konnte von allen Bürgern betreten werden. Die Fahrzeuge mußten allerdings auf den Parkplätzen an den Zufahrtsstraßen stehen bleiben. Einschränkungen gab es nur selten, so zu den großen Staatsjagden. Zu diesen Anlässen riegelte man das Gebiet mit größtem Aufwand hermetisch ab. Ähnlich ging man auch bei der Waldbrandstufe 4 vor, um eventuellen Zerstö-

rungen durch einen Waldbrand entgegenzuwirken. Da viele Menschen das Wandern mit der Zeit aber verlernten, blieb die Schorfheide in ihrem Kerngebiet größtenteils unberührt. Honecker jagte oft vom Auto aus. Das konnte ich deutlich am Verhalten des Wildes erkennen. Solange ich mit dem Auto fuhr, blieb das Wild stehen, nur anhalten durfte ich nicht. Bis in die Einstände führten gutgepflegte Pirschsteige. Im Schutz breiter Blenden konnten die Schützen ohne Probleme unbemerkt an das Wild herankommen. Als Günter Mittag aus gesundheitlichen Gründen beide Beine amputiert wurden, erweiterte man seinetwegen viele Pirschsteige und machte sie autobefahrbar. Wir mußten täglich nach siebzehn Uhr die Schorfheide verlassen. Danach rechneten die Verantwortlichen stets mit Honeckers Auftauchen. Auf einer Fahrt von Joachimsthal nach Groß-Schönebeck, quer durch die Heide, kam ich an einer kleinen mit einer Fichtenhecke umgebenen und mit Kameras gesicherten Bungalowanlage vorbei. Als ich meinen Amtsbruder, Forstmeister H., fragte, was das für ein Objekt sei, erfuhr ich zu meiner großen Überraschung, daß der Wochenendbungalow Honecker gehört. Wie es innen aussah, weiß ich nicht, aber äußerlich stellte das Ganze nichts Besonderes dar. Viele Handwerksmeister der DDR besaßen da schönere Wochenendgrundstücke. Ein Jahr später baute man um die Anlage eine "Umgehungsstraße", um ein zufälliges Zusammentreffen mit dem "Mann des Volkes" unter allen Umständen zu verhindern.
Das traditionsreiche Jagdschloß Hubertusstock wurde fast nur für Staatsbesuche und offizielle Empfänge genutzt.

Der Militärforstwirtschaftsbetrieb (VEB) Lübtheen erhielt seine Einweisungen im ersten Jahr überwiegend in das Revier Prötze. Die Anleitung vor Ort übernahm der Jagdleiter dieses Reviers, Ulli D.. Er nahm seine Aufgabe sehr ernst und freute sich, daß er nach Jahren wieder unmittelbaren Einfluß auf forstliche Arbeiten in seinem Revier bekam. Ich behielt ihn und seine Familie in sehr guter Erinnerung. Zur Jagd durften wir in der Schorfheide nicht gehen. Dafür fehlte auch die Zeit. Einmal begleitete ich Ulli D. auf einem Pirschgang durch sein Jagdgebiet. An einer großen Wiese traten plötzlich ca. achtzig Hirsche aus. Es war schon ein beeindruckendes Bild, als sie in breiter Front auf uns zu zogen.

Wie gebannt beobachtete ich dieses Schauspiel und versuchte, den stärksten Hirsch herauszufinden, jedoch bei dieser Menge gelang es mir nicht. Achtzig Hirsche! Welcher Weidmann kann sich diese Situation vorstellen. Träumen doch die meisten nur vom Anblick eines Rudels von vielleicht sechs oder sieben Geweihten. Diese Vielzahl konnte nicht gut sein, jedenfalls nicht für Wald und Flur.

Als Trophäe und Erinnerungsstück nahm ich die Abwurfstange eines Damhirsches mit nach Hause. Sie lag direkt neben einem Schirm und wurde dort von den zahlreichen und zum Teil fanatischen Stangensuchern übersehen.

Wir konnten unseren Aufräumungseinsatz in der Schorfheide mit sehr guten Ergebnissen abschließen. Meine Erlebnisse stimmten mich aber nachdenklich.

28. Der kranke Eissprossenzehner

Im Jahre 1956 wurde die Oberförsterei der NVA Lübtheen gegründet, aus der später der Militärforstwirtschaftsbetrieb (VEB) Lübtheen hervorging. Er bewirtschaftete jagdlich nicht nur militärische Sperrbereiche, sondern auch größere benachbarte Feldgebiete. Eine plausible Erklärung gab es dafür nicht. Es entstand historisch so. Mitte der achtziger Jahre konnte man die Widerstände in der Jägerschaft des Kreises Hagenow nicht länger unterdrücken und die Militärforst sah sich gezwungen, die Feldgebiete um die Ortschaften Belsch, Redefin und Lübbendorf an den Kreis zurückzugeben. Die Ursachen für die Unzufriedenheit in den Jägerkreisen waren vielfältiger Natur. Der Militärforstwirtschaft fielen im ehemaligen Bezirk Schwerin mit dem Neubau der NVA-Dienststellen in Schwerin-Sternbuchholz, Goldberg, Dabel, Demen, Parchim, Hagenow und Laage-Kronskamp beachtliche Waldflächen und damit bedeutende Wildeinstandsgebiete zu. Die zivilen Jäger wurden, ohne lange Diskussionen, aus ihren angestammten Jagdgebieten verdrängt und in andere, oft weniger attraktive Gebiete umgesetzt. Hinzu kam, daß sich die Jäger in der Militärforstwirtschaft eigene Waffen kaufen konnten. Dieses Privileg besaßen sonst nur höhere Staats- und Parteifunktionäre. Ein immer höher werdender Anteil an Medaillenträgern bei den Schalenwildarten in dem ehemaligen Bezirk Schwerin kam aus der Militärforstwirtschaft. All das erzeugte natürlich berechtigten Ärger, Neid und Mißgunst.

Mit der Wende flammten die Gebietsdiskussionen erneut auf. Ab 1. Juli 1990 wurden dann die letzten Ungereimtheiten im Bereich Lübtheen und Trebs abgeschafft. Für das Wild brachten die neuen Jagdgrenzen, die nun oftmals an der Wald-Feld- oder Wald-Wiesenkante verlaufen, keine Vorteile. Diese Lebensräume sind für das Schalenwild von sehr großer Bedeutung. Der Wald bietet Schutz, Feld und Wiese gute Nahrung. Das Wild pendelt regelmäßig zwischen beiden Lebensräumen hin und her. Sind diese sensiblen Zonen nicht in einer Hand und dazu die jagdlichen

Auffassungen der benachbarten Jäger sehr unterschiedlich, leidet das Wild darunter und zieht den Kürzeren. Während der Wendezeit jagte ich im Kollektiv Lübtheen und wurde nach dem 1. Juli 1990 in das Revier Trebs des Oberforstamtes Lübtheen eingewiesen. Es unterschied sich kaum vom Revier Niendorf, in dem ich früher zur Jagd ging, war ebenfalls ein reines Kiefernrevier. Mein neuer Jagdbereich grenzte fast unmittelbar an die Wiesen und Felder der Gemeinde Trebs. In seinem Kern lag ein großer Wildacker.

Gleich Anfang August beschoß einer der neuen "Feldjäger" im Bereich Trebs einen mittelalten Eissprossenzehner. Der kranke Hirsch wechselte anschließend in die Militärflächen und die Nachsuche verlief erfolglos. Bei einer größeren Verletzung mußte man aber damit rechnen, daß Fliegen ihre Eier in die Wunde legen würden und die sich daraus entwickelnden Maden ihn am lebendigen Leib auffressen. Ich nahm mir daher vor, bei meinen Ansitzen im Revier nach diesem Eissprossenzehner Ausschau zu halten. Sie sind in einem guten Rotwildbestand relativ selten, entsprechen nicht unseren Vorstellungen von einem Kronenhirsch und sollten gestreckt werden. Nach einem Reviergang kam ich zu der Überzeugung, daß er sich vielleicht in einer Kieferndickung in der Nähe der Feldkante aufhalten könnte und setzte mich abends dort an. Ebenso bestand die Möglichkeit, daß dort Reh- und Schwarzwild austrat. Meinen Zielstock, den ich schon seit vielen Jahren benutzte und den ich mir einst aus einem Weidenbusch schnitt, stellte ich unten an der Leiter ab. Schon oft bewahrte er mich vor schlechten Schüssen, aber oben auf dem Hochsitz brauchte ich ihn nicht. „Wenn der Eissprossenzehner in der ungefähr 1,20 bis 1,50 Meter hohen Kiefernkultur umherzieht, werde ich bestimmt sein Geweih oder zumindest die Gabeln sehen", dachte ich. Vielleicht würde ich sogar zum Schuß kommen. Bei all meinen Überlegungen bemerkte ich gar nicht, daß sich auf der Schneise hinter mir ein Schmalreh dem Hochsitz näherte. „Wenn es auf deine Spur kommt, wird es bestimmt abspringen." dachte ich. Die Witterung war ja noch ganz frisch. Aber ich irrte mich gründlich. Das Schmalreh behielt die Nerven. „Vielleicht hält es sich oft in Dorfnähe auf und kennt die Men-

... Plötzlich begann das Schmalreh an dem Zielstock zu lecken ...

schen." Aber was ich nun erlebte, hätte ich nicht für möglich gehalten. Plötzlich begann das Schmalreh an dem Zielstock zu lecken. Ich faßte ihn ja oft mit blutigen, oder wie der Jäger sagt, mit schweißigen Händen an, und auf diese Rückstände hatte es das Schmalreh abgesehen. „Was es doch alles gibt", dachte ich, „das glaubt dir keiner." Nachdem das Schmalreh seine zusätzliche "Mineralienaufnahme" beendete, verschwand es schließlich in der Dickung. Danach passierte lange Zeit nichts.

Meine Gedanken waren wieder bei den großen politischen Veränderungen, die sich bei uns im Land vollzogen und überlegte, wohin das führen würde, als ich plötzlich etwas Verdächtiges in der Kiefernschonung bemerkte. Ich sah durch mein Glas, und ein Hirschgeweih mit zwei großen Gabeln wurde sichtbar. „Der Eissprossenzehner!" dachte ich. „Du hast wieder den richtigen Riecher gehabt." Ab und zu zupfte der Hirsch an einigen Kiefernzweigen. Vom Wildkörper sah ich allerdings nichts. „Vielleicht zieht er auf eine lichte Stelle oder auf die Schneise." Ich versuchte, ihn im Auge zu behalten, aber der Hirsch besaß sehr viel Zeit. Mir taten schon vom ständigen Durchs-Fernglas-Sehen die Augen weh. Plötzlich verschwand der Geweihte wieder und, obwohl ich bis zur völligen Dunkelheit blieb, tauchte nicht wieder auf. Trotz mehrerer Morgen- und Abendansitze bekam ich den Eissprossenzehner nicht wieder zu Gesicht. Ungefähr vierzehn Tage später saß ich wieder auf dem gleichen Hochsitz und leuchtete die Dickungsränder ab. „Da ist doch so eine verdächtige weiße Geweihgabel", dachte ich. „Nicht, daß der Hirsch verendet ist und in der Dickung liegt. Oder ist es eine geschälte Astgabel?" Ich war mir nicht sicher und steigerte mich so in die Sache hinein, daß ich von der Kanzel stieg und die Stelle in der Kieferndickung absuchte. Aber ich fand nur einige frisch geschälte Kiefern.

Am 27. September saß ich in einem Schirm am Wildacker. Die Brunft befand sich im vollem Gange, und ich wollte eigentlich nur das Schauspiel genießen. Der Wind kam an dem Abend relativ ungünstig. Plötzlich trat 150 Meter vor mir ein Hirsch aus dem Bestand. Ich nahm das Fernglas hoch und traute meinen Augen nicht. „Der Eissprossenzehner!" An ihn dachte ich über-

... „Der Eissprossenzehner!" ...

haupt nicht mehr. Nun mußte alles sehr schnell gehen, denn jede Sekunde konnte er Wind von mir bekommen. Aber diesmal war mir "Diana", die Schutzgöttin der Jagd, hold. Als der Geweihte kurz verhoffte, ließ ich die Kugel fliegen. Deutlich hörte ich den Kugelschlag. Der Getroffene ging hochflüchtig ab und verschwand im Kiefernaltholz. Ich wartete einige Minuten und ging dann zum Anschuß, aber außer einigen tiefen Eingriffen fand ich nichts. Da ich wußte, an welcher Stelle der Hirsch in den Wald flüchtete, suchte ich die Schneise davor nach Schweiß ab. Während der ganzen Zeit röhrten in der benachbarten Abteilung die Rothirsche. „Eigentlich müssen sie von dir Wind bekommen", dachte ich. Aber das schien sie nicht zu beeindrucken. Im Gegenteil, der Brunftbetrieb nahm noch an Intensität zu. Plötzlich wechselte nur wenige Meter vor mir ein Hirsch über die Schneise. Im ersten Moment glaubte ich schon, den Eissprossenzehner zu sehen und hätte beinahe geschossen. Dann fand ich einen sehr dunklen Tropfen Schweiß, der von einem Leberschuß herrühren konnte. Nach weiteren dreißig Metern brach ich vorerst ab. Das Licht reichte nicht mehr aus. Außerdem entfernte ich mich inzwischen schon über achtzig Meter vom Anschuß. Bei einem guten Blattschuß hätte er schon liegen müssen. Ich beschloß, die Nachsuche am nächsten Morgen fortzusetzen. Bei dem intensiven Brunftgeruch und den vielen frischen Fährten würde es allerdings auch ein Hund sehr schwer haben.

Noch im Dunkeln des Morgens setzte ich mich in den gleichen Schirm. Über Nacht reifte es kräftig. Am Ende des Wildackers, in ungefähr dreihundert Metern Entfernung, röhrte ein stärkerer Platzhirsch. Ich hätte ihn mir genauer ansehen können, aber ich war mit meinen Gedanken zu sehr beim Eissprossenzehner. Als das Tageslicht die Dunkelheit endlich verdrängte, ging ich wieder zu der Stelle, wo ich die Nachsuche am Abend abbrach. Die tiefen Eingriffe waren auf dem Waldboden gut zu sehen. Ab und zu fand ich ein wenig Schweiß. Der Hirsch überquerte auch die nächste Abteilungsschneise noch, doch kurz danach fiel er eine starke Kiefer an. In der Rinde saß ein ganzes Bündel Haare. Ein Zeichen, daß der Geweihte nicht mehr weit gekommen sein konnte. Die Fluchtfährte führte über einen Brunftplatz. Jetzt

Zwei starke Trophäen aus der Leussower Heide:

12. Goldmedaillenhirsch - erlegt durch Wgn. S. Stechbarth, 227,99 IP

13. Goldmedaillenkeiler - erlegt durch Oberförster H. Becker, 125,40 IP

14. links
Wolfsrüde, 1984 durch Revierförster J. Welk im Revier Niendorf der Leussower Heide erlegt

15. unten
Autor im Gespräch mit der Bäuerin Emma Kroop aus Hohen-Woos, von ihr erfuhr er viel Interessantes aus früherer Zeit.

16. a-c oben
Flugplatztreibjagd 1993
Eine so beachtliche Strecke konnte nur im guten Zusammenspiel zwischen Jägern, Treibern und Jagdhunden erzielt werden.

17. unten
Blick vom Shelter auf einen kleinen Teil des Flugplatzes Laage-Kronskamp

18. oben
Goldmedaillenhirsch (222,61 IP) - erlegt 1995 durch Wg. W. Hendelkes an der Grenze des Flugplatzrevieres in Laage-Kronskamp

19. links
Zwei Jahre zuvor fand der Autor die Passerstangen in seinem Revier. Der Vergleich zeigt, daß der Hirsch in den zwei Jahren erheblich an Stärke zunahm.

20. oben
Bachen mit Frischlingen am Außenzaun des Flugplatzes

21. Mitte
"Jagd" ohne Waffe

22. unten
Ein seltener Anblick: Wildschwein, Reh und Hase auf engstem Raum

23. links
Abnormer Hirsch - 1994 vom Autor erlegt
Deutlich ist die Schwellung am linken Vorderlauf zu sehen.
(Geschichte 36)

24./25. unten
Flugplatz Laage-Kronskamp 1998
Trotz stark reduzierter Wildbestände für eine kleine Treibjagd ein beachtliche Strecke

konnte ich mir auch zusammenreimen, warum nach dem Schuß die Brunftgeräusche lebhafter wurden. Der kranke Hirsch stürmte in das Brunfttreiben hinein und galt somit als Rivale. Plötzlich leuchtete eine Geweihgabel zwischen trocknen Kiefernästen auf. „Dort lag er, der Eissprossenzehner!" Die Kugel traf ihn ungefähr zwanzig Zentimeter zu weit hinten, riß dadurch die Leber an. „Wo aber saß der alte Schuß?" Ich drehte den Wildkörper um und sah eine längliche Narbe am rechten oberen Vorderlauf. An dieser inzwischen sehr gut verheilten Fleischwunde wäre der Hirsch nie eingegangen.

Nach einigen Minuten des Verweilens fuhr ich zu Ernst Schwenk nach Trebs, einem hilfsbereiten Kollegen, der bei uns im Forstbetrieb in der Reparaturwerkstatt arbeitete und bat ihn um Hilfe. Gemeinsam zogen wir den Hirsch auf die Schneise und schafften ihn anschließend mit einem Autoanhänger in die Kühlzelle.

IV. Jagdgeschichten aus meiner Zeit in Goldberg und Laage

29. Da staunten selbst die Wildschweine

Nach der Wiedervereinigung wurde die Militärforstwirtschaft der ehemaligen DDR von der Bundesforst übernommen und in vergleichbare Strukturen gegliedert. Mich versetzte man von Lübtheen nach Goldberg, da meine bisherige Planstelle wegfiel. Das Bundesforstamt Goldberg mußte völlig neu aufgebaut und eingerichtet werden. Eine vergleichbare Oberförsterei gab es für diesen Bereich bisher nicht. Die Büroräume stellte uns freundlicherweise die Bundeswehr zur Verfügung. Die ersten Wochen und Monate erwiesen sich als sehr hart. Vier von sechs Planstellen im Büro blieben ohne Besetzung und unsere technische Ausstattung erwies sich als sehr mangelhaft. Zur Unterstützung wurde uns das Bundesforstamt Sprakelerheide, mit Sitz in Meppen, als Patenforstamt zugeordnet. Mit den Meppenern landeten wir einen echten Glückstreffer. Sie unterstützten uns, wo sie nur konnten. Noch immer erinnere ich mich dankbar an den Forstamtsleiter Herrn Dr. Damm, der sich damals schon auf seinen Ruhestand vorbereitete, an den Büroleiter Herrn Armin Pack, an den Revierassistenten Herrn Axel Schulze-Bierbach und an Herrn Heinrich (Heinz) John. Von den Damen aus dem Büro ist mir Frau Marianne Lill in sehr guter Erinnerung geblieben.
Die Arbeitsbesuche in unserem Forstamt, meistens standen sie unter Leitung von Herrn Pack, waren sehr anstrengend. Den ganzen Tag beschäftigten wir uns mit Büroangelegenheiten. Ich glaubte immer, daß wir in der DDR schon viel Papier beschrieben, aber was es nun an Erlassen, Dienstvorschriften und Formularen zu beachten galt, überstieg alle meine Vorstellungen. Hinzu kam für uns noch ein völlig neues Planungs- und Abrechnungssystem. Abends rauchte mir regelrecht der Kopf. Das, was sich in den westlichen Forstämtern über Jahrzehnte herausbilden konnte, mußten wir in wenigen Wochen erfassen und anwenden. Nach Dienstschluß zeigten wir den Meppenern die schöne Umgebung von Goldberg und gingen gemeinsam zur Jagd.

Ich jagte damals besonders gern auf dem Hellberg, der auf einigen Karten auch als Höllberg bezeichnet wird. Der Hellberg ist ein beachtlicher Höhenzug und trennt wie ein gewaltiger Damm den Goldberger vom Dobbertiner See. Die Mildenitz, ein kleineres Flüßchen, die beide Seen verbindet, muß seinetwegen einen größeren Umweg machen. An den steilen Nordhängen des Hellbergs wachsen beachtliche Buchen. In südlicher Richtung fällt er sanft zum Goldberger See ab und wird landwirtschaftlich genutzt. Bis zur Wende waren große Bereiche militärisches Sperrgebiet. Einige zivile Mitarbeiter der Dienststelle bekamen die Erlaubnis, Teile der Freifläche zur Futtergewinnung für ihre individuelle Tierhaltung zu nutzen. Seit der Wende lagen diese kleinen Felder nun brach und blieben sich selbst überlassen. Die Kleintierhaltung lohnte kaum noch und Futter gab es billig zu kaufen. Auf meine Anregung hin ließ Hugo Schwark, der zuständige Revierförster, dort von seinen Waldarbeitern zwei Hochsitze errichten. Selten machte ich auf so kleinem Raum so viele interessante Tierbeobachtungen. Dort traten regelmäßig Dam-, Schwarz- und Rehwild aus, veranstalteten Hasen Wettrennen, mausten Füchse und wechselte der Dachs. Viele Vogelarten lebten dort, und über die Distelblüten segelten an schönen Tagen hunderte von Schmetterlingen.

Frau Lill aus dem Bundesforstamt Sprakelerheide geht zwar selber nicht zur Jagd, interessiert sich aber sehr dafür. Zuerst wollte ich mit ihr in die Kiefernheide fahren, entschloß mich aber dann doch für einen Ansitz auf dem Hellberg. Wir saßen an einem sehr schönen Abend kaum auf dem Hochsitz, als schon die ersten Rehe auf die Brache zogen und ein Jungfuchs sich als Mäusefänger versuchte. Plötzlich knackte es vor uns in Richtung der Buchennaturverjüngung. „Nicht, daß jetzt Spaziergänger kommen und alles verscheuchen", dachte ich. Auch die Rehe äugten wie gebannt in die Richtung. Ihre Träger wurden immer länger und alle wichtigen Muskeln spannten sich zum Absprung bereit. Zu meiner Überraschung zogen dann aber drei Bachen mit Frischlingen auf das Freigelände. Ich wußte im ersten Moment gar nicht, was ich dazu sagen sollte. Diese Extravorstellung zu Ehren meines Gastes glich einer Inszenierung von "Diana" persönlich. So früh am Tage erschienen die Wildschweine hier am Hellberg noch nie. Frau Lill sah mich begeistert an. Sie gestand mir flüsternd, daß sie noch nie so nahe Sauen in freier Natur sah. Die Rotte kam immer näher und ich hätte bequem einen Frischling schießen können. Aber dann wäre das Schauspiel abrupt beendet. Damit uns die Wildschweine nicht sehen konnten, versteckten wir uns hinter der Hochsitzverkleidung und beobachteten das weitere Geschehen durch eine breite Ritze. Die Führungsbache kam ungefähr auf zehn Meter heran, hob ihren Kopf und sah längere Zeit mit ihren kleinen klugen Wildschweinaugen zu uns herauf. „Nun hat sie uns entdeckt oder Wind bekommen", dachte ich. Aber irgendwie schien sie die zusammengekauerten und regungslos dasitzenden Wesen nicht einordnen zu können. „Die hat noch nie einen Wessi und einen Ossi zusammen auf einem Hochsitz gesehen", flüsterte ich Frau Lill zu. Ein Lächeln huschte über ihr Gesicht. Vertraut zog die Rotte am Hochsitz vorbei und begann hinter uns im hohen Gras zu brechen. Die Führungsbache schöpfte anscheinend keinen Verdacht.

„Soll ich einen Frischling schießen?" fragte ich. Frau Lill nickte. Einen sicheren Schuß konnte ich vom Hochsitz aus aber nicht mehr anbringen. Die Frischlinge guckten kaum aus dem hohen Gras heraus. Ich stieg vorsichtig hinunter und pirschte mich näher heran. „Vielleicht gibt dir 'Diana' noch eine zweite Chance", dachte ich. „Mach jetzt bloß alles richtig und schieß nicht vorbei." Als einer der Frischlinge auf eine kleine Blöße wechselte, erlegte ich ihn mit einem sauberen Blattschuß. Die Rotte verschwand in der Buchennaturverjüngung. Nachdem Frau Lill vom Hochsitz kletterte, versorgten wir den Frischling, wobei ich meiner Begleiterin jeden meiner Handgriffe erklärte.

Beeindruckt von diesem Jagdabend, schwärmte sie bei gemeinsamen Begegnungen noch Jahre später davon.

30. Der Keiler vom Hellberg

Im Sommer 1991 fielen die Würfel. Ab 1. September sollte ich das Revier Laage als Revierförster übernehmen. Ich freute mich sehr auf diese neue Tätigkeit, wurde doch damit ein Kindertraum von mir Wirklichkeit. Seit Beendigung meines Studiums an der Technischen Universität Dresden, Sektion Forstwirtschaft, saß ich immer nur an Schreibtischen in der Verwaltung und "bearbeitete" Papier. Mit meinen ursprünglichen Berufsvorstellungen hatte das wenig zu tun. Zwei bittere Wermutstropfen mußte ich allerdings in Kauf nehmen: Das Revier Laage wurde einem neuen Forstamt, dem Bundesforstamt Gelbensande, zugeordnet, und die Entfernung nach Probst-Jesar vergrößerte sich um weitere vierzig Kilometer.

In den letzten Augusttagen wies man uns im Bundesforstamt Goldberg in das Holzernteprogramm der Bundesforstverwaltung ein. Die Schulung führten ein Revierförster und ein Waldarbeiter aus dem Bundesforstamt Sprakelerheide durch. Am 29.08.1991 begleitete ich die beiden Schulenden ins brandenburgische Revier Weisen bei Wittenberge, das damals noch zum Bundesforstamt Goldberg gehörte. Nach Dienstende lud uns der Revierförster Günter Dirks zur Jagd auf einen Rehbock ein. Der Abschußplan beim männlichen Rehwild in seinem Revier war noch nicht erfüllt. Günter setzte mich gemeinsam mit dem Waldarbeiter am sogenannten Stadtwall ab. Dort befand sich zu DDR-Zeiten ein nachgebautes Stück der innerdeutschen Grenze für die Ausbildung von Unteroffizieren der Grenztruppen.
Auf einem kleinen Teil der inzwischen eingeebneten Fläche legte Weidgenosse Dirks einen Wildacker an. Als sich die Staubwolke des abfahrenden Autos langsam verzog, setzten wir uns in den uns zugewiesenen Schirm.
Was war dies ein schöner Sommerabend! Ich betrachtete die Kiefern am nahen Waldrand. „Riesen werden es wohl nie", dachte ich. „Dafür ist der Boden zu arm. Bäume sind ihr Leben lang an einen Standort gebunden und müssen mit dem zufrieden sein,

was sie dort vorfinden." Ich überlegte, ob man sie darum beneiden oder bedauern sollte. „In wenigen Tagen beginnt meine neue Tätigkeit in Laage. Werde ich mich dort wohlfühlen?"
Plötzlich fiel ein Schuß und kurz darauf noch ein zweiter. „Nun hat wieder ein Rehbock sein Leben lassen müssen", dachte ich. Für den Jagdgast aus dem Emsland freute es mich. Trotz des recht einladenden Biotops für Rehwild ließ sich bei uns kein Stück sehen. Erst als der Tag schon fast zur Neige ging, trat ein Rehbock aus der Kiefernnaturverjüngung auf die Freifläche. Die Entfernung ließ aber keine genaue Ansprache zu. Er äste die ganze Zeit auf ein und derselben Stelle. „Kann der Bock nicht näher herankommen", flüsterte ich dem Waldarbeiter zu. „Ich werde ihn anpirschen und ihn mir mal genauer betrachten." Viel Zeit blieb mir nicht mehr. Das Büchsenlicht nahm von Minute zu Minute ab. Am Weg standen mehrere größere Ginsterbüsche, die mir Deckung boten. Es gelang mir tatsächlich, auf Schußentfernung an den Sechserbock heranzukommen. Die rechte Stange schien schwächer zu sein. Obwohl die Altersansprache bei Rehwild in einem fremden Revier auf Grund der fehlenden Vergleiche recht problematisch sein kann, war ich mir doch sicher, daß dieser Bock mindestens sechs Jahre alt sein mußte. Da unser Gast schon geschossen hatte und ich vielleicht das letzte Mal in diesem Revier zur Jagd gehen würde, entschloß ich mich, den Rehbock zu erlegen. Ich sah durch mein Zielfernrohr und entsicherte die Waffe. Nun brauchte er sich nur noch zu drehen und mir seine Breitseite zeigen. Er wollte mir den Gefallen aber nicht tun. Mir wurde der Arm vom langen Zielen schon lahm und am liebsten hätte ich die Waffe abgesetzt, als der Rehbock plötzlich aufwarf und sich tatsächlich drehte. Ich schaute schnell durch das Zielfernrohr und löste den Schuß. Im gleichen Moment sprang der Bock aber schon ab. Ich konnte die Kugel nicht mehr aufhalten. „Hoffentlich ging es ganz vorbei", dachte ich und sah durch mein Fernglas. Der Rehbock wurde am Waldrand immer langsamer und schien den Hinterlauf zu schonen.
Kurz darauf fuhr Günter mit dem Jagdgast vor. Nun war mir auch klar, warum der Sechser so überstürzt absprang. „Darf ich 'Weidmanns Heil' wünschen?" fragte ich. „Ich habe zweimal auf einen Rehbock vorbeigeschossen", sagte der Gast. „Meine Waffe muß

nicht in Ordnung sein. Vielleicht verstellte sich das Zielfernrohr bei der Anreise durch einen Stoß." Seinen Ärger konnte ich ihm ansehen. „Ich hatte auch Pech", sagte ich und erzählte mein Erlebnis. Wir entschlossen uns, zur Försterei zurückzufahren. Eine Nachsuche ohne Hund wurde bei der einbrechenden Dunkelheit zu riskant. Wir würden womöglich den kranken Bock hochmachen und könnten ihm dann keinen sicheren Fangschuß antragen. Da wir am Abend noch nach Goldberg zurück wollten, schlug Günter vor, daß wir abfahren sollten. Die Nachsuche wollte er anschließend gemeinsam mit seinem Sohn Gunnar durchführen.

Auf der Heimfahrt sprachen wir wenig. Die Erlebnisse mußten erst einmal verdaut werden. Als wir gegen 22.00 Uhr in Goldberg ankamen, schaute der Mond ab und zu hinter den Wolken hervor. Wegen des noch nicht verflogenen Ärgers entschloß ich mich, zum nahen Hellberg zu gehen, um nach den Wildschweinen zu schauen und um mich wieder zu beruhigen. Schlafen hätte ich sowieso nicht können. Ich fragte unsere Gäste, ob sie mit wollten. Sie lehnten dankend ab.

Bis zu den kleinen Stillegungsflächen hinter dem Armeegelände waren es gut 500 Meter. Die klare Abendluft und die absolute Stille taten mir gut. Nur eine Waldohreule flog zweimal lautlos ganz nahe an mich heran und jagte mir einen Schrecken ein. Es ist schon erstaunlich, wie die Natur diesen Jäger der Nacht ausrüstete. Ich hingegen mußte auf jeden kleinen Zweig auf meinem Weg achten, um mich so wenig wie möglich durch Geräusche zu verraten. Am Rand der kleinen Feldflächen blieb ich stehen und horchte. Sollten die Bachen mit den Frischlingen da sein, würde ich sie bei dem ruhigen Wetter bestimmt schmatzen hören. Mitunter bekam auch ein ungezogener Frischling einen "Ordnungsbacks" von einer der Bachen und quiekte dann ärgerlich. Aber ich hörte nichts, ging langsam weiter und sah ab und zu durch mein Fernglas. Plötzlich vernahm ich ein verdächtiges Geräusch. Ich blieb stehen und versuchte, es zu orten. In ca. fünfzig Metern Entfernung entdeckte ich einen schwarzen Punkt im Getreide. „Bestimmt ist das eine der Bachen", dachte ich und pirschte näher heran. In kurzen Abständen blieb ich immer wieder mal stehen und sah durch mein Fernglas. Ich konnte jedoch kein weiteres Wildschwein entdecken. Plötzlich kam es mir in den Sinn, daß es auch ein einzelner Keiler sein könnte. Aber ohne völlige Sicherheit wollte ich auf keinen Fall schießen. Die Pleite mit dem Rehbock steckte mir noch in den Knochen. Ich schlich mich Zentimeter um Zentimeter näher. Zum Glück legten Wind und Regen das Getreide an vielen Stellen nieder. Die Größenansprache bei einzelnen Wildschweinen ist bei schlechten Lichtverhältnissen sehr schwierig. Da das Wildschwein die Getreidehalme fast überragte, konnte es mit Sicherheit nicht das kleinste sein. „Fünf Meter gehst du noch näher heran", sagte ich zu mir. Auf einmal sprang vor mir ein Stück Rehwild ab und fing fürchterlich an zu schrecken. Ich bemerkte es zuvor nicht. Längst aus einem eventuellen Gefahrenbereich geflüchtet, warf es noch immer sein "Bö - Bö" in die Stille der Nacht. „Nun ist alles vorbei", ärgerte ich mich. Das Wildschwein zog beunruhigt einige Meter weiter. Nun gab es für mich keinen Zweifel mehr, daß es sich um einen großen Keiler handelte. „Hoffentlich beruhigt er sich wieder", dachte ich und blieb bewegungslos stehen. Das schreckende Stück Rehwild machte immer noch einen fürchterlichen Krach. Der Keiler stand mit erhobenem Gebrech da und schien zu überlegen, ob das Reh seinetwegen so einen Spektakel veranstaltete oder ob es noch einen anderen Grund dafür gab. Er begann erneut, wohl mehr zum Schein, einige Roggenähren abzurupfen und die schmackhaften Körner zu verspeisen. Ich nutzte diese Gelegenheit, ließ die Waffe von der Schulter gleiten und ging in Anschlag. Der dunkle Wildschweinkörper füllte fast das ganze Sichtfeld im Zielfernrohr aus. Ich führte den Zielstachel am Vorderlauf hoch; als ich annahm, daß er sich auf der Mitte des Blattes befand, drückte ich ab. Das Mündungsfeuer blendete mich für Sekunden. Das Wildschwein schien im Feuer zu liegen. Zumindestens hörte ich kein Abgehen. Mein Herz raste. Ich schob schnell eine neue Kugel in den Lauf meiner Bockbüchsflinte und wartete. Als sich nach einigen Minuten immer noch nichts rührte, ging ich vorsichtig zurück. Bei diesen schlechten Sichtverhältnissen traute ich mich nicht allein an das große Wildschwein heran. „Hoffentlich ist es auch ein alter Keiler", dachte ich. Ich eilte zur Dienststelle zurück, holte mein Auto, einen Trabant Kombi 601, und fuhr mit dem geländegängigen Wagen bis dicht an das Wildschwein heran. Meine Augen wurden immer größer, als ich das gewaltige Tier im Scheinwerferlicht liegen sah. Bedächtig stieg ich aus und ging näher. Da stand ich vor meinem Keiler. Die Waffen ragten weit aus dem Gebrech heraus und leuchteten mich an. Ehrfurchtsvoll hielt ich einige Minuten Andacht. Als ich ihn zum Aufbrechen auf den Rücken drehte, blieb er auf seinem breiten Kreuz liegen. „Wie schaffst du diesen gewaltigen Bassen bloß zur Kühlzelle?" fragte ich mich. In den Trabant paßte er auf keinen Fall. Ein Blick zur Uhr. „Kurz vor 23.00 Uhr." Ich fuhr zur Dienststelle zurück und klopfte an die Türen unserer Gäste. Sie schliefen noch nicht und erklärten sich sofort bereit mitzukommen. Während der Fahrt überlegte ich, wen ich noch um Hilfe bitten könnte. Es fiel mir Herr Drögmöller, ein ehemaliger Waldarbeiter aus Alt-Schwinz, ein. Er besaß einen selbstgebauten kleinen Traktor mit einem Einachsanhänger und saß gewöhnlich bis nach Mitternacht am Fernseher. Als wir bei Drögmöllers eintrafen, waren zu meiner Überraschung alle Fenster dunkel. Ich ging zur Eingangstür und klingelte. Erst nach einigen Minuten regte sich etwas im Haus. Herr Drögmöller öffnete die Tür und sah mich mit verschlafenen Augen an. Mich vielmals für die späte Störung entschuldigend, trug ich mein Anliegen vor. Er druckste herum und wollte nicht glauben, daß das Wildschwein nicht in den Trabant paßt. „Ich will morgen früh um vier Uhr nach Süddeutschland fahren", sagte er plötzlich. „Aber nun bin ich sowieso munter. Ich hole den Traktor." Erst da wurde mir die peinliche Situation bewußt.

Als wir dann gemeinsam vor dem großen Keiler standen, kamen unsere Gäste aus dem Emsland und Herr Drögmöller nicht mehr aus dem Staunen heraus. „Ich habe schon viele Wildschweine aus der Schwinzer Heide abtransportiert, aber so einen gewaltigen Keiler noch nicht", sagte er. Der Keiler wog aufgebrochen 135 Kilogramm.

Am nächsten Tag hatten wir im Forstamt Dienstberatung. Als Günter Dirks zu mir ins Zimmer kam und die Keilerwaffen vor mir auf dem Schreibtisch sah, riß er staunend die Augen auf. „Hast du den Keiler geschossen?" wollte er wissen. Ich nickte.

„Dann doppeltes 'Weidmanns Heil'!" sagte er und zog das Haupt eines sechs- bis siebenjährigen Sechsers aus der Plastetüte. Vor lauter Freude über den starken Keiler vergaß ich ganz den von mir beschossenen Rehbock. Günter erzählte mir, daß mein Schuß dem abspringenden Bock einen Vorderlauf und einen Hinterlauf abtrennte. Ich konnte es kaum glauben. Dieser "doppelte" Laufschuß zeigte wieder einmal, was alles bei der Jagd möglich ist. „Für den Hund war es eine lehrreiche Nachsuche", sagte Günter. Ich freute mich, daß sich der Bock nicht lange quälen mußte. Beim Abkochen stellte ich fest, daß einer der beiden Rosenstöcke leichte Deformierungen aufwies. Daher die eine schwächere Stange. „Vielleicht übte der Rehbock in jungen Jahren einen Grenzdurchbruch und beulte sich dabei den Schädel ein", lästerte ich.

31. Flugplatztreibjagd

Mit einem geborgten Dienstauto und einigen Akten im Kofferraum fuhr ich am 01.10.1991 nach Laage, wo es weder eine Försterei noch eine Wohnung für mich gab, und nahm meine Tätigkeit als Revierförster auf. Das Jagdgeschwader der Luftwaffe in Laage stellte mir freundlicherweise einen Büro- und einen Lagerraum zur Verfügung. Mit Elan und Zuversicht ging ich an die Arbeit.

Von meinen Eltern erfuhr ich, daß es noch einen Groß-Schmölener in die Gegend von Laage verschlagen hatte. Herr Fritz Nickel, der nach dem Krieg die Bauerntochter Lisa Leist aus Groß-Schmölen heiratete, wurde bei der ersten großen Aussiedlung aus dem Grenzgebiet nach Levkendorf verbannt. Seine Familie baute sich in den Jahren danach in dem kleinen Dorf eine neue Existenz auf und mit viel Mühe ein Haus aus. Zwei Jahrzehnte später mußte er sein Zuhause erneut aufgeben. Das gesamte Dorf Levkendorf wurde im Zuge des Flugplatzbaus abgerissen und seine Bewohner entschädigt. Heute lebt er im benachbarten Kritzkow. Nach der Wende hätte er nach Groß-Schmölen auf seinen Bauernhof zurückgekonnt, aber das wäre nach all den Jahren einem erneuten Neuanfang gleichgekommen.

Früher vertrat ich immer die Meinung, daß das Starten und Landen von Flugzeugen eine rein technische und menschliche Angelegenheit sei. Auf den meisten Flugplätzen ist das wohl auch so. Aber in Laage-Kronskamp, wo die Start- und Landebahn in ein über 1.000 Hektar großes Naturparadies gebaut wurde, kam noch eine "tierische" Seite hinzu. Auf dem Flugplatzgelände lebten bei meiner Dienstübernahme über 250 Wildschweine und Rehe. Auch der Hasenbesatz zeigte sich außergewöhnlich hoch. Besonders in den Abend- und Nachtstunden zogen die Tiere bis dicht an die Start- und Landebahnen. Sie stellten dort ein großes Risiko für die Flugsicherheit dar. Jeder Zusammenstoß mit einem Flugzeug konnte eine Katastrophe auslösen. Der General Flugsicherheit der Luftwaffe soll bei seinem ersten Arbeitsbesuch in

Laage-Kronskamp die Frage gestellt haben: „Bin ich hier in einem Zoo oder auf einem Flugplatz gelandet?" Rehe, Hasen, Kraniche, Störche und verschiedene Greifvögel begrüßten ihn damals an der Landebahn.

Es gibt nur eine Lösung für dieses Problem, und das ist die rigorose Bejagung aller Wildtiere bis hin zum Totalabschuß. Es gibt Dinge, die vertragen sich einfach nicht, und damit muß man sich auch als Naturfreund abfinden.
Bis 1997 wies der Außenzaun des Flugplatzes immer noch zahlreiche Löcher auf. Trotz beachtlicher Jagdstrecken reduzierte sich der Wildbestand kaum. Die freigewordenen Lebensräume wurden immer wieder von "Auswärtigen" eingenommen. Ich bin froh, daß dieses Problem in der Zwischenzeit beseitigt wurde. Da zu DDR-Zeiten auf dem Flugplatzgelände wegen der übertriebenen Geheimhaltung fast keine Hochsitze gebaut werden durften, forcierte ich sofort den Neubau jagdlicher Einrichtungen. Ohne sie wäre die Jagd heute dort undenkbar. Die Jagd auf dem Flugplatz ist aufgrund der vielen technischen Anlagen und den strengen Bestimmungen der Flugsicherheit zahlreichen Einschränkungen unterworfen. Das trifft natürlich erst recht für die Durchführung von Treibjagden zu. Bei einer großen Treibjagd muß die Start- und Landebahn geschlossen werden. Eine kurzzeitige Unterbrechung der Jagd zum Start oder zur Landung eines Flugzeuges ist nicht möglich. Sind die Hunde erst einmal los und das Wild auf den Läufen, können sie überall auftauchen und lassen sich nicht, wie sich das einige Laien vorstellen, einfach "zurückrufen".

Ich versuchte immer, die Treibjagden so gut wie möglich zu organisieren, um eine hohe Jagdstrecke zu erzielen. Dabei mußte ich mein Vorgehen von Jahr zu Jahr den sich ändernden Bedingungen anpassen und neue Varianten ausprobieren. Nicht alles gelang mir auf Anhieb. In den Anfangsjahren, als die Fichtenaufforstungen noch klein waren, konnte ich mit hoher Wahrscheinlichkeit voraussagen, in welcher Ecke des Geländes die Sauen steckten. Relativ leicht ließen sie sich dann hochmachen und vor die Schützen treiben. Die Situation änderte sich aber, als die großflächigen Fichtenaufforstungen zu Dickungen heranwuchsen. Die Wildschweine verlassen diese Dickungskomplexe nur, wenn sie den notwendigen Druck bekommen, ansonsten spielen sie mit den Treibern und Hunden geschickt "Katz und Maus", und die Jäger auf den Hochsitzen bekommen sie nur selten zu sehen. Ich mußte die Treiber und Hundemeuten aus diesem Grund stärker konzentrieren und ging dazu über, mehrere kleine Treiben nacheinander durchzuführen. Dabei zeigte sich, daß der Jagderfolg in entscheidendem Maße von der Qualität der Hundemeuten abhängt. Auch die Witterung an dem Tag spielt natürlich eine Rolle, und nicht immer sitzen die besten Schützen an der richtigen Stelle.

Claus Rudolph, zuvor viele Jahre selber als Förster für den Flugplatz verantwortlich, nahm an fast allen größeren Jagden mit seinem Deutsch-Drahthaarrüden Hektor teil. Nur einmal, als sein Hund sich wenige Tage zuvor einige Schläge von einem starken Keiler einfing, kam Claus allein. In seinen besten Jahren griff Hektor kleinere Frischlinge und hielt sie solange fest, bis sein Herr kam und ihnen den Fangschuß gab. Einmal hätte ihm dadurch sogar der Titel des Jagdkönigs zugestanden. Ausgezeichnete Arbeit leistete auch die Deutsch-Drahthaar- und Kurzhaarmeute von Norbert Bühner aus Laage. Es ist eine Freude zu beobachten, wie einfühlsam und effektiv er seine Hunde einsetzt und mit welch hoher Disziplin sie unter seiner Führung arbeiten. In seinem Treiberabschnitt blieb den Schwarzwildrotten kaum eine Chance. Die Jäger, die dort saßen, kamen fast alle zu Schuß. Aber auch die Hundeführer Manfred Manigk, Guido Nerge, Peter Schliemann, Rolf Schippmann, Peter Warnick und Mathias Triebke sollen nicht unerwähnt bleiben.

Wie turbulent es bei einer Treibjagd auf dem Flugplatz zugehen kann, erlebte ich gleich im zweiten Jahr. Mit dem Tower, der den Flugverkehr regelt, war vereinbart, falls ein Flugzeug unerwartet landen mußte, daß eine Leuchtrakete hochgeschossen wird. Die Jagd sollte dann unterbrochen werden, eine Regelung, die ich für unrealistisch hielt, aber auf die ich eingehen mußte, weil mir sonst die Jagd nicht genehmigt worden wäre. Ich hoffte nur, daß dieser Fall nicht eintreffen würde. In dem erwähnten Jahr ging ich selber als Treiber mit durch. Es herrschten hervorragende Jagdbedingungen. In der Nacht fielen ca. fünf Zentimeter Neuschnee, der den ganzen Tag liegen blieb. Die Wildschweine ließen sich dadurch von den Treibern und Schützen besonders gut ausmachen. Im Bereich B des Flugplatzes, den ich gemeinsam mit dem Forstwirt Jens Schwarz durchtrieb, steckten immer Sauen. Mal schoben sie sich in einer der Fichtendickungen ein, dann bevorzugten sie wieder die kleinen Schilflöcher oder dichte Grasflächen zwischen den Sheltern. Schon bald entdeckten wir die ersten frischen Fährten im Schnee. „Nun dauert es bestimmt nicht mehr lange, bis wir die Wildschweine finden", dachte ich. Vor einer großen Grasfläche wurde Arlett, meine Deutsch-Drahthaarhündin, unruhig und plötzlich ging die erste Sau vor mir hoch. „Hier sind sie!" rief ich Jens Schwarz zu. Arlett nahm sofort die Verfolgung auf. Plötzlich umringten mich die Wildschweine. Verwundert registrierte ich, wo die überall steckten. In dem hohen Gras und bei dem Durcheinander kam ich nicht zum Schuß. Außerdem befanden sich in Schußrichtung technische Anlagen. Die Rotte wechselte in eine kleine benachbarte Fichtendickung. Die erfahrenen Bachen ahnten, daß es ihnen und ihrem Nachwuchs an die Schwarte gehen sollte. Sie wollten ihren Unterschlupf nicht verlassen. „Am besten wird es wohl sein, wenn du ein Stück aus der Rotte herausschießt", überlegte ich und verständigte mich mit Jens Schwarz. In der Zwischenzeit tauchte noch ein Jagdterrier bei uns auf. Beide Hunde setzten der Rotte kräftig zu und versuchten sie zu sprengen. War das ein wütendes Bellen, Blasen und Wetzen. Nach einigen Minuten gelang es mir, auf einer kleinen Blöße einen Frischling zu erlegen. Nun ging die "Post" aber ab und ich hoffte, daß die benachbarten Jäger auch zu Schuß kommen würden.

„Doch was war das?" Auf der Landebahn setzte ein kleines zweimotoriges Zivilflugzeug zur Landung an. Bei der Aufregung mußte ich die Leuchtkugel übersehen haben. Zu allem Unglück flüchtete die Rotte, verfolgt von den beiden Hunden, direkt über die Landebahn. „Hoffentlich geht das gut", dachte ich und blieb wie angewurzelt stehen. Eingreifen konnte ich sowieso nicht mehr. Das Flugzeug setzte auf und kurz danach überquerte die Wildschweinrotte die Landebahn. Die beiden Hunde ließen sofort von der Rotte ab und verfolgten laut bellend das rollende Flugzeug. Die Chance, einen so großen "Vogel" zu apportieren, hatten sie in ihrer ganzen Jagdhundekarriere noch nicht. Zum Glück ließen sie aber kurz vor dem Stellplatz des Flugzeuges von ihrem Vorhaben ab und nahmen wieder die Verfolgung der Wildschweinrotte auf. Wahrscheinlich hatten sie die Nase von den stinkenden Auspuffgasen voll.

Unsere Jagdstrecke war an diesem Tag beachtlich. Nach deren Verblasen und dem Überreichen der Schützenbrüche ließen wir uns den Eintopf schmecken, den die Bundeswehrküche freundlicherweise für uns kochte.

Wie ich vom Tower erfuhr, handelte es sich bei dem gelandeten Flugzeug um einen wichtigen Organtransport, der nicht verschoben werden konnte. Ich nehme mal an, daß die Hunde nicht ahnten, was sie dort jagten. Makaber! Auch mein damaliger Chef, Herr Michael Groitzsch, beobachtete die Aktion von seinem Stand aus und wurde bei der Auswertung des Zwischenfalls sehr nachdenklich. Eins stand jedenfalls fest, für die nächste größere Jagd mußten wir uns ein besseres Benachrichtigungssystem einfallen lassen.

32. Flugplatzsauen

Viele Menschen sind erstaunt, wenn sie hören, daß auf den großen Übungsplätzen der Armee die Natur noch in Ordnung ist. Oft leben dort Pflanzen und Tiere, die anderswo stark bedroht oder gar schon ausgestorben sind. Dabei ist die Erklärung dafür relativ einfach. Auf dem Militärgelände gibt es große Bereiche, wo selten ein Soldat seinen Fuß auf die Erde setzt und die Natur sich selbst überlassen wird. Der "Hauptschädling" Mensch tritt in diesen Ökosystemen selten selbst in Erscheinung. An den Lärm der Geschosse, das Explodieren von Granaten und das Vorbeifahren von Panzern und anderen Militärfahrzeugen haben sich die Tiere gewöhnt und kommen sehr gut damit zurecht. Ich werde häufiger gefragt, wie Tiere den Fluglärm vertragen. Wenn ich dann sage: „Sehr gut!" blicke ich oft in staunende Gesichter. In Verlängerung der Start- und Landebahn in Laage-Kronskamp leben viele Tiere. Sie wählten sich diesen Lebensraum selbst aus und fühlen sich dort wohl. Seit mehreren Jahren brüten hier sogar Kraniche und ziehen ihre Jungen auf. Häufig treffe ich auf Tiere, die unmittelbar an der Autobahn stehen, die vorbeifahrenden Fahrzeuge beobachten und der "Fahrzeugmusik" lauschen. Wir gehen in die Disko oder sitzen stundenlang vor dem Fernseher. Auch Wildtiere scheinen für solche Abwechslung empfänglich zu sein.

Zwischen den vier getrennten Shelterbereichen und dem Verwaltungskomplex des Flugplatzes in Laage-Kronskamp liegen große ungestörte Naturareale. Diese angestammten Lebensräume wollten die Wildschweine nach dem Flugplatzbau nicht aufgeben und verschafften sich mit ihrem starken Gebrech immer wieder Zugang zum Gelände. Sie besaßen die Erfahrung, daß sich der einfache Maschendrahtzaun relativ leicht hochschieben ließ. Diese Löcher abzudichten, erwies sich als so gut wie sinnlos. Die Wildschweine legten kurzerhand einen neuen Durchschlupf an. Die Rehe und viele andere Tiere profitierten davon und wechselten ebenfalls durch die Löcher hin und her. Das Interesse der Wildschweine ist verständlich. Die Fichtenaufforstungen und die großen ungemähten Grasflächen bieten ihnen besonders im Winterhalbjahr, wenn die Felder kahl sind, einen idealen Tageseinstand. Nachts zogen sie durch die Löcher im Zaun auf die Äcker und füllten sich dort relativ leicht ihre Mägen. Auch für die Geburt und die Aufzucht der Frischlinge bestehen in vielen Bereichen des Flugplatzes ideale Bedingungen. Der Aufenthalt der Sauen in den Randbereichen der Start- und Landebahn bereitete mir Kopfzerbrechen. Sie könnten diese im falschen Moment überqueren und den Flugverkehr gefährden. Mir wurde schnell bewußt, daß sich das Problem dauerhaft nur durch einen wildsicheren Außenzaun lösen ließ.

Nach der Wende reagierte die Forstverwaltung sofort und ließ den an der innerdeutschen Grenze überflüssig gewordenen Streckmetallzaun für die Abdichtung des Außenzaunes anfahren. Er stand ja in ausreichender Menge zur Verfügung und kostete nichts. Große Bereiche konnten damit sofort erfolgreich abgedichtet werden. Dann kam diese Maßnahme ins Stocken.

Man glaubt ja nicht, wie schnell sich Wildschweine auf veränderte Bedingungen einstellen können. Sie gehören zu den schlauesten Tieren unserer Heimat und sind sehr anpassungsfähig. Jede Nacht zogen sie aus ihren Einständen mehrere Kilometer weit über den Flugplatz, um an die nun wenigen noch verbliebenen Schlupflöcher zu gelangen. Es kostete mich viel Kraft, alle Verantwortlichen davon zu überzeugen, daß der Anbau des Streckmetalls auf der gesamten Zaunlänge, bis zu den Eingangstoren, notwendig ist. Im April 1997 wurden dann endlich alle undichten Stellen in einer überraschenden Aktion geschlossen. Leider erfuhr ich zu spät davon, sonst hätte ich vorgeschlagen, mit dieser Maßnahme so lange zu warten, bis auf den Feldern Getreide und Raps so hoch waren, daß sich die Wildschweine darin verstecken konnten. Ein großer Teil der Flugplatzwildschweine blieb dann erfahrungsgemäß ganztägig auf den Feldern. Sicherer und bequemer konnten sie es nirgends haben. Die Deckung lieferte ihnen zugleich die Nahrung. So wurden viele Wildschweine ein- statt ausgesperrt. Am liebsten hätte ich einige Schlupflöcher kurzzeitig wieder öffnen lassen, aber ich fürchtete auf Unverständnis zu stoßen. Schließlich war ich es, der die Schließung des Zaunes mit so viel Nachdruck forderte.

... Auch für die Geburt und die Aufzucht der Frischlinge bestehen in vielen Bereichen des Flugplatzes ideale Bedingungen ...

Bei einem gemütlichen Beisammensein in der Offiziersheimgesellschaft sagte ich mehr im Scherz zum Kommodore Oberst Mack, daß es angebracht sei, seine Wache am Haupttor anzuweisen, keine Wildschweine durchzulassen. „Oder nur mit Passierschein", ergänzte einer seiner Begleiter scherzhaft. Einige Wochen später erzählte mir der Oberst beeindruckt, daß der Offizier vom Dienst ihm meldete, daß in der letzten Nacht ein Wildschwein in aller Seelenruhe durch das Haupttor auf den Flugplatz einwechselte. Und dies ohne "Passierschein"!

Seit der Schließung des Außenzauns ist das Leben für die Flugplatzwildschweine wesentlich härter geworden. Im Frühjahr und in den ersten Sommermonaten besteht ihre Nahrung vor allem aus Gras, Klee und Kräutern. Aber auch Mäuse, Regenwürmer, Schnecken und anderes Kleingetier stehen auf ihrem Speisezettel, und wenn sie zufällig ein Rehkitz, einen jungen Hasen oder ein Vogelnest finden, sagen sie auch dazu nicht nein. Im Herbst, wenn sich alle einheimischen Schalenwildarten für den Winter mästen, wird das Nahrungsangebot schon schlechter. Die wenigen alten Eichen und Buchen auf dem Flugplatz tragen nur selten Früchte. In dieser Zeit und in den frostfreien Wintermonaten graben sie verstärkt nach Pflanzenwurzeln und Mäusenestern. Die nährstoffreichen Wurzeln des Löwenzahns werden von ihnen besonders gern aufgenommen. Bei starkem Frost und höheren Schneelagen haben es die Wildschweine schwer. Ihnen bleibt dann fast nur noch das trockene Gras. Um ihren Nahrungsbedarf einigermaßen decken zu können, müssen die Wildschweine sehr viel brechen. Die zerstörte Grasnarbe beeinträchtigt zwar nicht den Flugverkehr, wird aber von vielen bemerkt und behindert die Arbeiten der Geländebetreuung. Obwohl der Schwarzwildbestand durch eine scharfe Bejagung erheblich gesenkt wurde, nahm das Umbrechen von Grasflächen im Vergleich zu früheren Jahren zu. Dieses Phänomen sah ich nicht voraus. Die Bejagung der noch verbliebenen Wildschweine auf dem großen Flugplatzgelände wird immer schwieriger. Die "Dummen" brachten wir schon zur Strecke. Die Verbliebenen lernten und lernen immer dazu und umgehen gekonnt und schlau mögliche Gefahren.

In Folge des geringeren Nahrungsangebotes gingen die Wildbretgewichte deutlich zurück. Diese Wildschweine haben im Herbst bedeutend weniger Weißes auf den Rippen als ihre Artgenossen außerhalb des Zaunes. Unter Insidern werden die Sauen vom Flugplatz inzwischen als Ökowildschweine gehandelt, denn sie kommen ja weder mit gebeiztem Saatgut noch mit anderen landwirtschaftlichen Chemikalien in Berührung.

33. Der letzte Hirsch vom Flugplatz

Zu NVA-Zeiten war der Genuß von Alkohol in den Armeedienststellen streng verboten. Die Soldaten und Unteroffiziere fanden aber immer wieder Wege und Tricks, um Bier und Schnaps in die Dienststellen zu schmuggeln, auch auf den Flugplatz in Laage-Kronskamp.

Als ich das erste Mal auf den Wiesen hinter Weitendorf auf einen Rehbock ansaß, belehrte mich zuvor der damalige Revierförster, Herr Claus Rudolph, daß ich auf die angetrunkenen Soldaten aufpassen sollte, die eventuell dort entlangkommen könnten. Am Abend sah ich dann tatsächlich ein "Rudel" Soldaten. Auf dem Hinweg ins Dorf gingen sie noch gerade und machten ihre Späße. Ungefähr zwei Stunden später, auf dem Rückweg, konnten einige von ihnen ohne Hilfe ihrer Kameraden kaum noch ein Bein vor das andere setzen. Das Wild stellte sich auf die harmlosen Soldaten längst ein. Kurz nachdem die Störenfriede durchgezogen waren, trat ein Rehbock aus und fing auf der Wiese an zu äsen. Kaum beunruhigt zupfte er die verschiedenen Wildkräuter, warf nur ab und zu auf. Genau diesen alten Sechser beschrieb mir Claus Rudolph. Obwohl er noch ca. 200 Meter entfernt stand, wagte ich einen Schuß. Der Bock lag im Feuer. Beim Abschreiten der Entfernung bestätigte sich meine Schätzung. Tatsächlich so weit. Froh über diesen sicheren Schuß, betrachtete ich mir die Trophäe genauer und stellte fest, daß aus dem linken Rosenstock noch eine zweite Stange von vier Zentimeter Länge mit einer richtigen Rose herausgewachsen war. „Ein echter Dreistangenbock!" Ich hätte einen Freudentanz aufführen können.

Am nächsten Morgen entdeckte ich im Außenzaun des Flugplatzes ein großes Loch. Den Trampelpfad im Gras, den ich am Vortag bei flüchtiger Betrachtung für einen Kuhsteig hielt, entpuppte sich als ein Schleichweg der Soldaten. In der Wendezeit wurde der Außenzaun des Flugplatzgeländes kaum noch kontrolliert und repariert. Die Hirsche nutzten seit einigen Jahren die Fichtendickungen außerhalb des Zaunes als Feisteinstände. Bei ihren Wanderungen entlang des Außenzaunes stießen einige von ihnen wahrscheinlich auf ein größeres Loch und schlüpften hindurch. Auf dem Flugplatz gibt es ja viele Verstecke und in den Frühjahrs- und Sommermonaten auch reichlich Äsung. Als sich die Verhältnisse auf dem Flugplatz nach der Übernahme durch die Bundeswehr langsam wieder ordneten, schloß man die großen Löcher im Außenzaun. Einer der mittelalten Hirsche, der anscheinend nicht rechtzeitig auswechselte, wurde dabei eingegattert. Die Anwesenheit des Geweihten war kaum zu spüren. Erst zur Brunftzeit versuchte er den 2,3 Meter hohen Außenzaun zu überspringen. Es gelang ihm aber nicht. Auch bei uns Menschen gibt es gute und schlechte Hochspringer. Warum sollte es beim Rotwild anders sein?

Daß Hirsche sehr gute Hochspringer sein können, erlebte ich einmal an der Autobahn. Im Juli wollte ich in einer Abteilung in der Nähe der Autobahn Bäume auszeichnen. Wegen der schlechten Wegeverhältnisse ging ich das letzte Ende zu Fuß und achtete nicht auf die Umgebung. Plötzlich gingen vor mir fünf Hirsche, die wahrscheinlich nichtsahnend in der Sonne dösten, hoch und übersprangen den zwei Meter hohen Wildzaun an der Autobahn. Mir blieb fast das Herz stehen. Auf der Autobahn herrschte ein reger Nachmittagsverkehr. Ich rechnete jede Sekunde mit einem fürchterlichen Zusammenstoß. Aber was sollte ich machen? Als ich nach fünf Minuten noch immer nichts Außergewöhnliches wahrnahm, faßte ich langsam wieder Mut und ging vorsichtig zu der Stelle, wo das Rotwild den Zaun überfiel. Ich fand sofort die kräftigen Eindrücke. Der Zaun selbst wies keinerlei Beschädigungen auf. Am niedergetretenen Gras sah ich, daß die Hirsche parallel zum Zaun weiter geflüchtet waren. Ich ging mit klopfendem Herzen langsam am Autobahnzaun entlang und fand nach ungefähr 200 Metern die Einsprungstelle. Mir fiel ein Stein vom Herzen. Die Geweihten sprangen alle zum Glück wieder in den Wald zurück. Dabei rissen sie mit ihren Läufen die beiden oberen Drähte durch.

Ich sprach mit meinem Forstamtsleiter, Herrn Michael Groitzsch, über den Hirsch auf dem Flugplatz und das damit verbundene Risiko für den Flugverkehr. Er sah keine andere Möglichkeit, als den Abschuß. Ich selber beobachtete den Mitteljährigen bisher nur zweimal ganz kurz. Irgendwie verstand er es, sich sehr gut zu verstecken. Auf der nächsten Schwarzwildjagd gab der Forstamtsleiter auch den Flugplatzhirsch zum Abschuß frei. Damals jagten in der Bundesforst noch die Waldarbeiter Peter Schliemann, Arne Engel und Thorsten Tadewald. Den Abschuß von Trophäenträgern mußten sie aber bezahlen. Da sie zu DDR-Zeiten sehr gute Jagdmöglichkeiten hatten und an ihren Wänden bereits beachtliche Trophäen hingen, schreckten sie vor dieser ungewohnten Geldausgabe zurück. Der Geweihte schien das zu wissen und kam nur bei den Jägern, die seine Trophäe hätten bezahlen müssen. Vor dem Weidgenossen Thorsten Tadewald verhoffte er fast fünf Minuten lang auf vierzig Meter Entfernung und wechselte dann wieder ins Treiben zurück. Von ihm bekam ich auch die erste genaue Beschreibung des Hirsches. Es war ein sechs- bis siebenjähriger Zwölfender. Wahrscheinlich verletzte er in der Bastzeit am Außenzaun sein empfindliches Geweih. Dadurch würden sich die zwei untypischen ca. fünf Zentimeter langen zusätzlichen "Enden" an der linken Stange erklären. Nach der Jagd blieb er wieder für längere Zeit unsichtbar. „Wo mag er bloß seinen Einstand haben?" fragte ich mich.

Einen Tag vor Heiligabend benötigte ich noch einen größeren Weihnachtsbaum. Ich verkaufte schon für über 10.000 DM Weihnachtsbäume und konnte keine Fichten mehr sehen. Zum Glück

begann in wenigen Stunden mein Weihnachtsurlaub. „Im Fichtenstreifen im Bereich C kann noch ein ordentlicher Weihnachtsbaum stehen", dachte ich. Ich fuhr mit zwei Waldarbeitern dorthin und suchte den Baum aus. Beim Durchqueren dieser Dickung fielen mir die vielen frischen Hirschfährten auf. „Nicht, daß er in diesem schmalen Streifen seinen Einstand hat", dachte ich. Da meine Jagdwaffe im Auto lag, bat ich die Waldarbeiter, einen kleinen Augenblick zu warten und dann den Fichtenstreifen langsam durchzudrücken. Ich selber fuhr bis zum letzten Bunker an der Autobahn und setzte mich dort an. Ich saß gerade erst eine Minute, als der Hirsch schon am Außenzaun erschien. Er kam aber nicht auf Schußentfernung heran, sondern drehte vorher um und verschwand wieder im Fichtenstreifen. „So ein Pech", dachte ich. Doch plötzlich tauchte er wieder auf. Diesmal bedeutend näher, aber für einen sicheren Schuß immer noch zu weit entfernt. Und wieder verschwand er. Als er das dritte Mal erschien, waren ihm die Treiber schon nahe auf den Fersen. Nun gab es für den Geweihten kein Zurück mehr. Immer schneller werdend, wollte er, wie es aussah, die breite Betonbahn, die zur Autobahn führt, überqueren. In dem dahinter liegenden Wald wußte er sich in Sicherheit. Ich zielte und ließ die Kugel fliegen. Der Zwölfender machte einen großen Satz gegen den Außenzaun und setzte dann seinen Weg fort, als wäre nichts geschehen. Vor Aufregung bekam ich die neue Kugel einfach nicht in den Lauf. Als ich es endlich schaffte, war der Hirsch schon zu weit entfernt. „Mit einem Repetierer wäre dir das nicht passiert", schimpfte ich. Ich kletterte vom Bunker herunter und versuchte, ihm den Weg abzuschneiden. Als ich das angrenzende Altholz erreichte, sah ich den Mitteljährigen langsam auf mich zuziehen. Ich schoß ein zweites Mal. Keine Reaktion. Sicher, einen guten Schuß angebracht zu haben, lud ich erneut nach, was dieses Mal nicht so lange dauerte. Wieder nahm ich ihn ins Ziel, doch da brach er plötzlich zusammen.
Nach einer kurzen Andacht stellte ich fest, daß der erste Schuß den Hirsch bereits tödlich verletzte. Auf den zweiten Schuß reagierte das schwerkranke Tier nicht mehr, weil sein Empfinden zu dem Zeitpunkt schon ausgeschaltet war.

Ein Glück, daß der Zwölfender lag. Wo hätte ich so kurz vor Weihnachten noch wegen einer komplizierten Nachsuche anklopfen sollen? Ich verrichtete die rote Arbeit und zog den Rothirsch gemeinsam mit den Waldarbeitern an einen festen Weg.

Per Telefon erreichte ich den Wildhändler Klaus Stanislaus in Tellow, der den Wildkörper sofort zusammen mit seinem Vater abholte. Sie wünschten mir ein kräftiges "Weidmanns Heil" und frohe Weihnachten. Geschafft, aber glücklich, fuhr ich nach Hause.

34. Der Goldmedaillenhirsch aus Striesdorf

Nach der Brunft, wenn die Rothirsche ihrer wichtigsten Lebensaufgabe nachgekommen sind und somit für Nachwuchs sorgten, ziehen sie im Schutze der langen Nächte in ihre einsamen und abgelegenen Einstände zurück. Dort erholen sie sich, pflegen ihre Kampfwunden und sammeln neue Kräfte. Die ersten Anzeichen für ihre Rückkehr entdecke ich in meinem außerhalb des Flugplatzes gelegenen Revierteil in Laage-Kronskamp gewöhnlich Anfang Dezember. Am Tage verbirgt sich das Rotwild im dichten Wald, dort, wo in dieser unfreundlichen Jahreszeit fast nie ein Spaziergänger vorbeikommt. In der Nacht, sich sicher fühlend, ziehen es auf die angrenzenden Felder, um die junge Saat zu äsen oder nach Ernteresten zu suchen.

Bei einem Nachtansitz auf Sauen Anfang des neuen Jahres, ich saß auf meinem Sitzstock hinter einer dicken Eiche, und der Mond schien hell durch die kahlen Baumwipfel, kam plötzlich ein einzelner, sehr starker Hirsch durch den Bestand gezogen. Ich preßte mich so dicht es ging an die rauhe Rinde des Eichenstammes und bewegte keinen Muskel. Er wechselte ganz vertraut kaum zehn Meter an mir vorbei. Ich konnte ihn gut ansprechen und schätzte sein Alter auf zehn bis elf Jahre. Im Februar fand ich die Abwurfstangen dieses Sechzehnenders in der benachbarten Buchennaturverjüngung, die er erst wenige Tage zuvor abwarf. Ich freute mich riesig. Es sind die stärksten Paßstangen, die ich bisher von einem Rothirsch fand. Meine Vermutung, daß sie goldmedaillenverdächtig wären, sollte sich bestätigen. Ihre Bewertung ergab ca. 210 Internationale Punkte. Alles sprach aber dafür, daß der Geweihte im nächsten Jahr noch stärker schieben würde.

Im Herbst baute der Landwirtschaftsbetrieb auf den angrenzenden Feldern Raps an. Da Rotwild Raps als Äsungspflanze sehr schätzt, hoffte ich, daß der Kapitale bis zum Beginn der Brunft im Revier bleiben würde. Ich sprach mit meinem Forstamtsleiter, Herrn Michael Groitzsch, darüber. Vielleicht konnten wir diesen Starken in den ersten Augusttagen von einem Jagdgast erlegen lassen. Daß sich diese Jagd nicht einfach gestalten würde und wir eine große Portion Glück brauchten, war uns beiden bewußt. Aber versuchen wollten wir es.

Mitte Juli sah ich unseren auserwählten Hirsch am Tage zusammen mit zwei schwächeren im Rapsschlag stehen. Sein bereits gefegtes Geweih schien noch gewaltiger geworden zu sein. „Er ist also noch da!" freute ich mich und zog mich unauffällig zurück. Der Jagdgast konnte aus beruflichen Gründen leider erst am 8. August kommen. Dadurch ging uns wertvolle Jagdzeit verloren. Durch das schöne Sommerwetter reifte der Raps schnell. Zum Glück regnete es in den Tagen zuvor sehr viel, so daß der Beginn der Rapsmahd verschoben werden mußte. Erfahrungsgemäß ziehen die Feisthirsche kurz nach dem Abernten der Felder in andere Einstände. Ein wenig Aufregung machte sich breit. Ich wußte nur, daß der Jagdgast in der Nähe von Bonn wohnte. Welchen Beruf er ausübte und ob er jagdliche Erfahrungen besaß, entzog sich meiner Kenntnis. „Hoffentlich ist uns 'Diana' hold und führt uns den Hirsch vor", dachte ich. Was in meiner Macht stand, wollte ich dazu tun.
Pünktlich um 13.00 Uhr traf der Gast ein. Ich begrüßte ihn freundlich und erläuterte ihm bei einer Tasse Kaffee die Situation. Aus unserer Unterhaltung entnahm ich, daß vor mir ein sehr erfahrener Weidmann saß. Auch er war sich darüber im Klaren, daß die Jagd auf einen Feisthirsch in einem geschlossenen Laubwaldgebiet äußerst schwierig ist und erwartete von mir keine mecklenburgischen Jagdwunder. Mir fiel erst einmal ein Stein vom Herzen. Als ich dem Weidgenossen den Hirsch beschrieb, sah er mich ein wenig ungläubig an. „Auf die Stärke des Hirsches kommt es mir nicht an, aber alt genug sollte er schon sein", sagte er.
Ich überlegte lange, wo wir uns am ersten Abend ansetzen sollten und entschied mich dann für den Hochsitz am Moorgraben. Er steht auf einem Schneisenkreuz am Rande des Hirscheinstandes und bietet ein gutes Schußfeld. Bestimmt würde der Kapitale auf

seinem Weg zur Feldkante daran vorbeiziehen. Auf unserem Hinweg blieben wir einen kurzen Moment an einem der Hauptwechsel stehen und sahen uns das Fährtenbild an. An der feuchten Grabenböschung konnten wir die Eindrücke besonders gut erkennen. Eine Rotwildfährte fiel durch ihre besondere Stärke auf. „Die stammt vom starken Sechzehnender", sagte ich. Die Hirsche mußten hier in den letzten Tagen regelmäßig hin und her gezogen sein. Als wir dann noch unmittelbar in der Nähe des Hochsitzes eine frische Fegestelle an einem Weidenbusch entdeckten, überzeugte mich dies endgültig, daß ich den richtigen Hochsitz für unseren Ansitz aussuchte. Ich überprüfte routinemäßig die Standfestigkeit der Hochsitzleiter. Alles war in Ordnung. Wir baumten auf, luden die Jagdwaffen und stellten sie vor uns ab. Auch mein Jagdgast schien recht zufrieden zu sein. Nun begann das Warten. Es ist aber nicht das Warten, das wir von Bahnsteigen oder Bushaltestellen gewöhnt sind. Bei der Jagd gibt es keine festgelegten Ankunftszeiten und Haltepunkte. Anderseits sahen wir auch nicht auf graue Betonsteine und auf ein geschottertes Gleisbett mit monoton dahingleitenden Schienensträngen. Jetzt hieß es, die Umgebung ständig im Auge zu behalten, auf jedes verdächtige Geräusch zu achten und wenn nötig, blitzschnell zu reagieren. Noch war es früh am Nachmittag und die herrliche Augustsonne stand hoch über den großen Eichen am Horizont. Ich genoß den Anblick des heranwachsenden Waldes. Ab und zu kam eine kleine Windböe auf und spielte mit den Blättern. Sie legten das frische Grün des Frühlings längst ab und bereiteten sich farblich auf den nahenden Herbst vor. Wenn man das Dargebotene der Natur wahrnimmt, vergeht die Zeit wie im Fluge, ja, oft vergißt man sie ganz. Ich hatte so ein Gefühl, daß sich die Feisthirsche ganz in unserer Nähe befanden. „Vielleicht sitzen sie in einem der kleinen Fichtenhorste, in der feuchten Senke links von uns oder hinter dem großen Wurzelteller, der aus der Naturverjüngung herausragt", dachte ich. Die Vögel um uns herum kannten bestimmt ihren Aufenthaltsort. Schade, daß wir sie nicht fragen konnten. Sie erfreuten uns mit ihren Flugkünsten. Für die Jungvögel hieß es nun fressen und trainieren, um sich möglichst gut auf die lange Reise gen Süden oder den Winter vorzubereiten. Das Singen war nun Nebensache. Auch mein

Jagdgast erfreute sich an dem munteren Treiben. Plötzlich trat nicht weit entfernt von unserem Hochsitz ein körperlich schwacher Knopfbock aus dem Farnkraut aus. Sein Glück, daß wir auf den Hirsch warteten. Als es zu dämmern anfing, dachte ich: „Vielleicht haben sich die Hirsche heute Abend verspätet oder für einen anderen Wechsel zur Feldkante entschieden. In dem unübersichtlichen Wald gibt es ja viele Möglichkeiten." Wir blieben, bis zur völligen Dunkelheit. Das ist eben Jagd. Nicht jeder Tag kann ein Erntetag sein.

Nach einer kurzen Nacht zog es uns wieder hinaus. Noch bevor es hell wurde, saßen wir auf unserem Hochsitz. Wir sahen eine größere Rotte Sauen und mehrere Rehe, aber kein Rotwild. Mehr, als morgens und abends viele Stunden lang an erfolgversprechenden Orten zu sitzen und zu warten, konnten wir nicht tun. Uns blieb nur die Hoffnung, daß die schlauen Feisthirsche mal einen Fehler machen würden. Ich fragte mich, ob die Geweihten überhaupt noch da sind. Als am letzten Jagdabend die Nacht ihr dunkles Tuch über den Wald auszubreiten begann, verschwand auch unsere letzte Hoffnung. Wir stiegen vom Hochsitz und gingen zum Auto zurück. Hinter uns lagen anstrengende Jagdtage. Niedergeschlagen fragte ich mich, was wir falsch machten. Kurz vor der Feldkante knackte es plötzlich neben uns. Wir blieben sofort stehen, ohne in dem dunklen Wald etwas erkennen zu können. „Das sind bestimmt Sauen", sagte ich leise. „Doch was war das?" Vor uns zog ein Hirsch auf das abgeerntete Rapsfeld und blieb keine zehn Meter von der Waldkante entfernt stehen. Ich nahm sofort das Fernglas hoch und erkannte den starken Sechzehnender. Er stand völlig breit und ich konnte ihn auf dem hellen Untergrund sehr gut ansprechen. Mein Gast hob die Waffe. „Er steht im Nachbarjagdgebiet", flüsterte ich, „nicht schießen." Der Hirsch äugte angespannt in unsere Richtung. Er wußte anscheinend nichts mit uns anzufangen und Wind konnte er nicht bekommen. Als die beiden anderen Hirsche, die wohl neben uns im Wald standen, hochflüchtig über das Feld abgingen, folgte er ihnen. Nun bekamen wir das "Gespenst" doch noch zu Gesicht. Mir wäre lieber gewesen, wir hätten den Kapitalen erlegt, aber es sollte wohl nicht sein.

Einige Tage später erhielt ich einen Brief:

> *„Der Feisthirsch ist ein Nachtgespenst,*
> *das Du nicht ahnst und niemals kennst,*
> *denn, wo Du pirschst, da steht er nicht,*
> *und wo Du wartest, zieht er nicht,*
> *und ist nur hoch bei Sternenlicht."*
>
> *So, lieber Weidgenosse Kolmer, war es Gott sei Dank nicht bei unserer gemeinsamen Jagd.*
> *Wir haben den starken Hirsch gesehen.*
> *Ich bin Ihnen für vier Tage Jagd "pur" morgens und abends sehr dankbar, besonders auch dafür, daß Sie mir viel über Natur und Landschaft Mecklenburgs, über Natur- und Umweltschutzprobleme, über die Jagd und auch über den Alltag der Menschen jetzt vermittelt haben.*
> *Dankbar bin ich Ihnen auch für das Vertrauen, das Sie in mich als Jäger gesetzt haben.*
> *Ich freue mich auf das Wiedersehen mit Ihnen, wenn ich - wie mir Herr Forstamtsleiter Groitzsch mitgeteilt hat - am Donnerstag, dem 15.09.1994, wiederum im Bereich des Bundesforstamtes Rostock bin.*
>
> *Alles Gute für Sie.*
> *Mit freundlicher Empfehlung an Ihre Gattin und Familie.*
>
> *Weidmannsheil!*

Im September konnte mein Gast dann doch noch in der Rostocker Heide einen starken Vierzehnender erlegen. Ich rief ihn gleich an und wünschte ihm ein kräftiges "Weidmanns Heil".

Nach der Hirschbrunft horchte ich in der Umgebung herum, ob irgendwo ein besonders kapitaler Hirsch erlegt wurde. Aber anscheinend tarnte sich der Sechzehnender in all den Wochen sehr erfolgreich. Erst im Mai 1995 entdeckte ich wieder seine Fährten in meinem Revier. Wahrscheinlich fand er bis dahin woanders bessere Äsungsbedingungen. Zu Gesicht bekam ich ihn aber nicht.

Am 09.08.1995 erlegte mein Jagdnachbar, der Weidgenosse Wilhelm Hendelkes, diesen gewaltigen Hirsch. Das Glück stand ihm zur Seite und so konnte er den Kapitalen morgens beim Einwechseln in den Wald abpassen.
Der Geweihte legte in den vergangenen zwei Jahren an Stärke zu. Aus dem Sechzehnender wurde ein Achtzehnender. Auf der Trophäenschau erhielt sein Geweih eine Bewertung von 222,61 Internationalen Punkten.

35. Der "tollwütige" Keiler

Seit dem 2. Februar 1992 wird der militärische Sicherheitsbereich auf dem Flugplatz in Laage-Kronskamp von einer zivilen Firma bewacht. Das brachte auch große Auswirkungen auf den Jagdbetrieb. In den Shelterbereichen patrouillierten nun regelmäßig Wachmänner mit Hunden. Das Wild mußte sich an diese Neuheit in seinen Lebensbereichen, zu denen auch die Shelterbereiche zählen, gewöhnen. Das Verhalten der Tiere wurde für mich nun schwerer voraussehbar, weil ich nie wußte, welche Störungen ein Wachmann hervorrief. Besonders in der Dämmerungsphase und nachts bei Mondschein kommt es auf eine gute Abstimmung zwischen den Wachmännern und den Jägern an. Wir Jäger sitzen in dieser Zeit nicht nur auf den Hochsitzen und warten bis das Wild vorbeikommt, sondern pirschen uns auch in Tarnkleidung heran. Eine Verwechslung könnte da fatale Folgen haben. Ich bemühte mich von Anfang an um ein gutes Verhältnis zu den Wachmännern und ihren Vorgesetzten und wechselte lieber ein Wort mehr als zu wenig mit ihnen. Wenn nötig, halfen mir Wachmänner, die gerade Pause hatten, nachts bei der Bergung größerer Tiere. Dafür war ich ihnen immer sehr dankbar. Man glaubt ja nicht, wie schwer so ein Dreißigkilofrischling nach 100 Metern wird.

Schon von weitem sah ich, daß an der Basiswache Herr Heinz Möller seinen Dienst tat. Er war von Anfang an dabei und fast immer gut drauf. Bei den anderen Wachmännern hielt ich meist nur den Sperrzonenausweis an die Seitenscheibe des Autos und wurde dann durchgewinkt. Herrn Möller begrüßte ich dagegen fast immer mit Handschlag. Wenn kein Auto hinter mir kam, erzählte er mir im Telegrammstil seine wichtigsten Wildbeobachtungen und andere Neuigkeiten. Diesmal stand er quer auf der Straße und hob fast drohend seinen Arm. „Vielleicht hat es einen Wildunfall gegeben", dachte ich, „oder gar Ärger mit meinen Waldarbeitern oder Jagdhelfern." „Du sollst zum Chef kommen", sagte er nur kurz. Auf alles mögliche gefaßt, fuhr ich mit dem

Auto auf den kleinen Parkplatz hinter dem Wachgebäude. Der Wachschichtführer, Herr Hans Nicolaus, erwartete mich schon an der Eingangstür und bat mich in sein Büro. „Im Bereich C des Flugplatzes treibt sich ein großes scheinbar tollwütiges Wildschwein herum", sagte er. „Meine Männer weigern sich, dort Streife zu gehen. Du mußt unbedingt etwas unternehmen."
Von tollwütigen Füchsen, Dachsen, Rehen, Mardern, Katzen, Hunden, Kühen und sogar Eichhörnchen hörte ich schon, von einem tollwütigen Wildschwein noch nie. Aber absolut ausschließen konnte ich das auch nicht. „Woher wollt ihr wissen, daß es tollwütig ist?" fragte ich verblüfft. „Es hat Schaum vor dem Gebrech und läuft immer am Zaun auf und ab", sagte Herr Nicolaus. „Auch vor unseren Autos hat es keine Angst und bleibt stehen." Ich überlegte einen Moment. „Das kann ein rauschiger Keiler sein", sagte ich. „Die Wildschweine haben jetzt Paarungszeit und vielleicht ist außerhalb des Zaunes eine Bache rauschig. Liebestollheit statt Tollwut halte ich für wahrscheinlicher." Herr Nicolaus wollte mir diese Erklärung nicht recht abnehmen. Ich beruhigte ihn aber und versprach, der Sache am Abend auf den Grund zu gehen. Der fast volle Mond half glücklicherweise bei meinem Vorhaben.

Das "tollwütige" Wildschwein ging mir den ganzen Tag nicht aus dem Kopf. „Vielleicht übertreiben die Wachmänner auch", dachte ich. Ich mußte mir von ihnen schon oft Horrorgeschichten anhören. Die Tiere auf dem Flugplatz sehen die Wachmänner mit ihren Hunden täglich, beobachten ihr Verhalten und wissen aus Erfahrung, daß von ihnen keine Gefahr ausgeht. Ihre Fluchtdistanz verringerte sich mit der Zeit erheblich. Einzelne Wachmänner, besonders wenn sie erst kurze Zeit da waren, behaupteten hin und wieder, von einer Wildschweinrotte angefallen worden zu sein. Ich sagte dann immer: „Das müßte mir auch mal passieren! Ich muß immer hinter den Wildschweinen herschleichen, um eines zu erlegen, umgekehrt erlebte ich es noch nie. Vor mir ist bisher jeder gesunde Schwarzkittel weggelaufen." Bei genauer Befragung stellte sich dann meistens heraus, daß die Sauen zufällig in die Nähe der Wachmänner gerieten und diese nicht erkannten. Die Wildschweine versuchen dann häufig, durch aufgeregtes

Schnaufen und Blasen den vermeindlichen "Gegner" zu vertreiben oder wollen erreichen, daß er sich zu erkennen gibt. Ein lautes: „Haut schon ab!" würde sie mit Sicherheit in die Flucht schlagen. Eine Rolle könnten bei solchen Erlebnissen auch die Diensthunde gespielt haben. Wildschweine können diese Vierbeiner nicht leiden. Wird ein gewisser Sicherheitsabstand unterschritten, greift Schwarzwild, insbesondere führende Bachen, Hunde mit hoher Wahrscheinlichkeit an. Ich rate den Wachmännern daher immer, auf keinen Fall die Hunde unangeleint laufenzulassen. Bei normaler Dienstdurchführung droht den Männern von den Wildschweinen keine Gefahr. Gefährlich kann Schwarzwild werden, wenn es sich in die Enge getrieben fühlt, schwer verletzt ist oder ein Frischling angstvoll quiekt.

Gegen 21.00 Uhr fuhr ich mit meinem Auto in den Bereich C, um nach dem "tollwütigen" Keiler zu sehen. Der Mond schien hell. Als ich in die Nähe des Forsttores kam, lief tatsächlich ein großes Wildschwein auf der Straße hin und her und versuchte, durch den Zaun zu gelangen. Ich bremste ab und ließ das Auto langsam auf den Schwarzkittel zurollen. Als ich nur noch fünf, sechs Meter von ihm entfernt war, wechselte es in den angrenzenden Wald. Der fünf- bis sechsjährige Keiler trug tatsächlich Schaum vor dem Gebrech. Ich fuhr mit meinem Auto ca. 300 Meter weiter, hielt an und pirschte vorsichtig zurück. In der Zwischenzeit kam der Keiler wieder aus dem Wald heraus und machte sich erneut am Zaun zu schaffen. Außerhalb des Zaunes hielt sich eine Rotte Sauen im angrenzenden Wald auf. Ich hörte sie deutlich quieken und grunzen. Die Bachen schienen in Hochzeitsstimmung zu sein. Zweimal kam ein großes Wildschwein, bestimmt auch ein Keiler, von außerhalb an den Zaun und versuchte, mit dem Flugplatzkeiler zu kämpfen. Dabei klapperten beide Rivalen wütend mit ihrem Gebrech. Tollwut war da nicht im Spiel. Ich kniete mich hin und erlegte den Keiler mit einem Blattschuß. Die Rotte auf der anderen Seite des Zauns ging hochflüchtig ab. Das laute Knacken der trockenen Äste verriet mir, daß sie in die benachbarte schützende Fichtendickung wechselte. Nach dem Aufbrechen stank ich fürchterlich nach rauschigem Keiler. Dieser eindringliche "Duft" begleitet den glücklichen Schützen mitunter etwas länger. Selbst nach mehrmaligem Händewaschen erinnert er noch an das erlegte grobe Schwein. Wenn möglich, schieße ich Keiler nur außerhalb der Rauschzeit.

Ich fuhr zur Wache, um meinen Erfolg zu melden und um Hilfe zum Bergen zu holen. Die Bewachung des Flugplatzes war nun wieder allseitig sichergestellt.

36. Der abnorme Hirsch

Ende November fuhr ich auf der Ringstraße des Flugplatzes in Richtung Autobahn. Plötzlich sah ich in einem Lärchenbestand außerhalb des Zaunes Rotwild stehen. „Die Hirsche sind wieder da", dachte ich. Ich ließ mein Auto ausrollen, stieg aus, nahm das Fernglas vom Rücksitz, prüfte die Windrichtung und pirschte vorsichtig zurück.

Früher lebte in den Waldgebieten um Laage relativ viel Rotwild. Mit dem Bau des Flugplatzes wurde ihm ein großer Teil des Lebensraumes genommen. Daß, was an kleineren Waldinseln außerhalb des Flugplatzes noch übrigblieb, wurde anschließend durch den Flugplatzzaun getrennt. Da besonders das weibliche Rotwild große und zusammenhängende Waldgebiete zum Leben braucht, zog es sich aus dieser Gegend fast ganz zurück. Nur die Hirsche, die außerhalb der Paarungszeit in kleineren Rudeln leben, oft weit umherziehen und kleine abgeschiedene Waldgebiete lieben, kommen noch regelmäßig in die Nähe des Flugplatzes zurück.

Zuerst ging ich zügig, doch je näher ich an die Stelle kam, an der ich die Tiere sah, desto langsamer und vorsichtiger pirschte ich. Rotwild kann nicht nur ausgezeichnet riechen, sondern auch sehr gut sehen oder äugen, wie wir Jäger sagen. Die letzten Meter bewegte ich mich nur noch im Zeitlupentempo und versuchte, die Betonpfähle als Deckung zu nutzen. Dann hatte ich endlich freien Blick zwischen den Bäumen. Wie ich schon vermutete, standen dort in ca. achtzig Metern Entfernung drei stärkere Hirsche. Sie dösten friedlich vor sich hin. Die Brunftkämpfe, in denen sie sich vor kurzem noch als Rivalen gegenüberstanden, schienen schon vergessen. Als ich sie mir genauer ansah, kam selbst ich aus dem Staunen überhaupt nicht mehr heraus. Der Stärkste von ihnen schien ein Achtzehnender zu sein. Er trug sehr lange und starke Stangen, und die Enden waren ganz weiß gefegt. Bei jedem seiner Kopfbewegungen geriet ich beim Zählen der Enden durcheinander. Aber bei diesem Kapitalhirsch kam es auf ein

Ende mehr oder weniger nicht an. Neben ihm stand ein starker Vierzehnender. Der dritte Hirsch tat sich inzwischen nieder. Als ich ihn mir genauer ansah, traute ich meinen Augen nicht. Er besaß im Vergleich zu seiner Körpergröße nur ein relativ kleines und unförmiges Geweih. Die rechte sehr kurze Stange bog sich wie ein Kuhhorn nach unten. Die linke Stange ähnelte ihr in ihrem Ansatz, verlängerte sich aber schaufelartig in die Höhe. „Ein abnormer Hirsch wie er im Buche steht!"
Als Student besichtigte ich mehrmals das Jagdschloß Moritzburg bei Dresden. Die dort zusammengetragenen abnormen Rothirschgeweihe beeindruckten mich immer besonders. „So ein Hirsch müßte dir auch mal über den Weg laufen", wünschte ich mir damals.
Obwohl ich keine Waffe bei mir trug, begann ich plötzlich zu zittern. Ich kannte wie gesagt bisher kein Jagdfieber. Beim Anblick des abnormen Hirsches packte es mich dann aber doch. Oft erlebe ich diese Erscheinung bei meinen Jagdgästen. Das tiefe Atmen, das plötzlich stockt. Das Zittern, das den Körper durchzieht und einen Schuß unmöglich macht. Ein Pulsschlag, der fast zu hören ist. Das alles ist mir persönlich aber im Normalfall fremd. Für die Ausbildung eines abnormen Geweihs konnte es mehrere Gründe geben: Entweder ist es altersbedingt oder durch Krankheit bzw. Verletzung entstanden. Genau so vorsichtig wie ich mich den Hirschen näherte, zog ich mich auch wieder zurück. Ich wollte sie nicht unnötig beunruhigen.

Am nächsten Tag hatten wir im Forstamt Dienstberatung. In der Pause erzählte ich unserem Forstamtsleiter von meiner Begegnung und fragte vorsichtig an, ob ich denn einen solchen Hirsch auch schießen dürfte. „Warum nicht", sagte er. „Der Hirsch ist doch sicher krank, und krankes Wild kann von jedem Jäger erlegt werden."

Während der Heimfahrt überlegte ich, wie ich den Abnormen überlisten könnte. Auf keinen Fall durfte ich die Hirsche in dem kleinen Waldgebiet beunruhigen. Sie konnten ja zu jeder Zeit in die benachbarten Einstände abwandern. Sehr ungünstig wirkte sich natürlich aus, daß sich Ende November der Tag schon gegen

16.00 Uhr verabschiedete. Ich mußte also so nahe wie möglich an den Tageseinstand heran und hoffen, daß sich die Geweihten einmal leichtsinnig zeigten und bei Helligkeit auf eine der Waldlichtungen austraten. Je nach Windrichtung wählte ich einen entsprechenden Hochsitz für meinen Ansitz aus.

Als ich zwei Tage später wieder im Forstamt war, fragte mich einer meiner Kollegen, ob ich die Trophäe des abnormen Hirsches mitgebracht hätte. „Wieso mitgebracht?" fragte ich erstaunt zurück. „Wer weiß, ob ich den Hirsch überhaupt bekomme! Oder hast du angenommen, daß er bereits liegt und ich erst anschließend gefragt habe?" „Nein, nein", winkte er ab.

Ich zählte die vielen Morgen- und Abendansitze auf den abnormen Hirsch nicht. Der November und Dezember vergingen und auch der Januar, der letzte Monat, in dem männliches Rotwild noch geschossen werden darf, neigte sich dem Ende entgegen. Die Eintragungen in meinem persönlichen Streckenbuch fallen in diesen Wochen sehr mager aus. Durch das Abfährten entlang der Feldkante wußte ich, daß sich die Hirsche immer noch hier aufhielten. Sie zogen fast jede Nacht zur Äsung auf die angrenzende Rapssaat und die abgeernteten Zuckerrübenfelder. Am 24. Januar begann es ein wenig zu schneien. Bis zum Mittag fielen ungefähr vier Zentimeter Neuschnee. „Wenn du noch eine Chance auf den abnormen Hirsch hast, dann heute", dachte ich. Der Neuschnee würde das Büchsenlicht erheblich verlängern. Ich traf schon rechtzeitig alle Jagdvorbereitungen und setzte mich gegen 15.00 Uhr auf die geschlossene Kanzel am großen Schneisenkreuz. Nun hieß es wie schon viele Male zuvor geduldig warten und hoffen. Vor mir äste eine Ricke mit ihrem starken Bockkitz und in ungefähr 150 Metern Entfernung wechselte eine Rotte Sauen über die Schneise. Es schien alles so wie immer abzulaufen. Meine Gedanken weilten zu Hause bei meiner Familie, als ich plötzlich ein größeres Tier bemerkte. Ich sah durch mein Fernglas. „Der starke Achtzehnender!" Kurz darauf wechselte auch der Vierzehnender auf die breite Schneise. „Jetzt bloß keinen Fehler machen", dachte ich, nahm vorsichtig die Jagdwaffe hoch und brachte sie in Anschlag. Sicher würde der Abnorme

gleich folgen. Die beiden Hirsche verhofften längere Zeit und zogen dann auf eine kleine Blöße. „Wo bleibt er bloß?" fragte ich mich. „Sollten die Pächter vom Acker ihn dir vor der Nase weggeschnappt haben?" Die beiden Hirsche ästen schon über fünf Minuten frei vor mir und wollten gerade in die angrenzende Dickung ziehen, als der Abnorme aus dem Einstand trollte und sich zu seinen beiden Kameraden gesellte. Anscheinend verschlief er den Abmarsch. Nun mußte alles sehr schnell gehen. Ich sah durch das Zielfernrohr, und als der Stachel auf sein Blatt zeigte, drückte ich ab. Wie vom Blitz getroffen, brach der Geweihte im Feuer zusammen. „Nicht, daß der Hirsch nur gekrellt ist und gleich wieder aufspringt", schoß es mir durch den Kopf. Sicherheitshalber schob ich eine neue Kugel in den Lauf und ging erneut in Anschlag. Als sich nach einigen Minuten nichts mehr regte, stand ich auf und kletterte vom Hochsitz. Meine Aufregung legte sich nur langsam. Irgendwie konnte ich mein Glück immer noch nicht recht fassen. „Hoffentlich sitzen die Stangen noch fest auf dem Schädel", dachte ich plötzlich. Alte Hirsche werfen ihr Geweih oft schon im Februar ab, und der Januar zählte seine letzten Tage. Ich ging vorsichtig an den Rothirsch heran und sah, daß er bereits für immer in die ewigen Jagdgründe eingetreten war. Beeindruckt stand ich längere Zeit vor ihm, doch dann konnte ich nicht widerstehen und rüttelte an den Stangen. Meine Befürchtungen stellten sich als unbegründet heraus. Sie saßen noch fest. Nun suchte ich nach den Ursachen seiner Abnormität. Das stark geschwollene Kniegelenk am linken Vorderlauf wies fast die Größe eines Fußballs auf. Wie es aussah, war der ganze Lauf steif. Auch die Brunftkugeln hatten nicht die normale Größe. Ich brach schon lange nicht einen so starken Wildkörper auf und kam dabei tüchtig ins Schwitzen. Allein konnte ich ihn unmöglich bis zur Kühlzelle transportieren. Außerdem besaß ich damals noch keinen Autoanhänger im Revier.
Kurzerhand fuhr ich zu Guido Nerge, einem hilfsbereiten Weidmann aus Kronskamp. Ich brauchte ihn nicht lange zu bitten. Er zog sich schnell seine Jagdsachen über und holte den Autoanhänger aus der Garage. Zur Verstärkung nahmen wir noch den Weidgenossen Manfred Manigk mit. Beide Weidgenossen bekamen beim Anblick des abnormen Hirsches große Augen. Sie gra-

tulierten mir mit einem herzlichen "Weidmanns Heil". „So ein Geweihter müßte mir auch mal über den Weg laufen", sagte Manfred Manigk. Wir schätzten das Alter des Hirsches auf vierzehn bis fünfzehn Jahre. Seine Abnormität war nicht altersbedingt, sondern rührte wahrscheinlich von den Verletzungen her.

Einige Tage später überreichte mir Herr Rudi Stanislaus, der Vater des Tellower Wildhändlers, ein breitgedrücktes Kugelgeschoß. Er entdeckte es beim Abziehen des Hirsches zwischen seinen Rippen und hob es freundlicherweise für mich auf.
„Die alte Schußverletzung war gut verheilt", sagte er.

37. Das Marderbaby und der starke Bock

Im Jahre 1995 löste man das Bundesforstamt Gelbensande auf. Das Bundesvermögensamt gab große Teile des Schießplatzgeländes in der Rostocker Heide, der früheren Eigentümerin, der Stadt Rostock, zurück. Die drei noch verbliebenen Reviere des Bundesforstamtes wurden benachbarten Bundesforstämter zugeteilt. Meine Kollegin, Frau Gesine Wollner, gehörte von nun an mit dem Revier Retschow zum Bundesforstamt Goldberg, Herr Dirk Möller mit dem Revier Hirschburg zum Bundesforstamt Prora und mein Revier, früher schon einmal ein Teil des Bundesforstamtes Goldberg, zum Bundesforstamt Neubrandenburg. Im Zuge der Veränderungen bekam ich östlich der Autobahn A 19 fünf kleinere Liegenschaften hinzu und mußte die Gebiete Letschow bei Schwaan und ein Waldstück bei Warin an das Revier Retschow abgeben.

Die Liegenschaft Sanitz befindet sich ungefähr zwanzig Kilometer nördlich von Laage und wird von der Flugabwehrraketengruppe 31 genutzt. Es ist ein ausgesprochenes Laubwaldrevier. Die Eichen und Rotbuchen dominieren, und in den feuchten Partien wachsen sehr gute Eschen und Erlen.

Im Januar und Februar 1996 ließ ich in Sanitz große Teile der mittelalten Eichenbestände durchforsten. Eine schon längst fällige Arbeit, aber seit Jahren fanden wir keinen Käufer für das schwächere Eichenholz. Einer der wichtigsten Abnehmer für dieses Holz, das Spanplattenwerk Ribnitz-Damgarten, ging kurz nach der Wiedervereinigung in Konkurs.

Für die Rehe gaben die Knospen an den frisch gefällten Eichenkronen eine willkommene Winteräsung. Im Sanitzer Wald lag schon über Wochen eine geschlossene Schneedecke. Besonders die Rehe litten darunter. Bei der Holzaufnahme sah ich, daß viele Rehfährten rote Schweißtropfen aufwiesen. Die Rehe schnitten sich an den messerscharfen Kanten des verharschten Schnees die

Läufe auf. Ich beeilte mich mit meiner Arbeit, um unnötige Störungen im Revier zu vermeiden. Auf dem Heimweg sah ich in einem Sprung Rehe einen alten, sehr starken Bock. Sein heranwachsendes Gehörn prahlte in der Sonne. Es war mit einer weichen Bastschicht überzogen und noch nicht vollständig ausgebildet. „Den mußt du dir im Mai genauer ansehen", sagte ich mir.

Am 16. Mai beginnt in Mecklenburg-Vorpommern die Jagd auf den Rehbock. Viele Jäger können diesen Zeitpunkt kaum erwarten. Schon Tage vorher werden die eingemotteten Waffen aus dem Waffenschrank geholt und gereinigt. Der Mai ist ja auch einer der schönsten Monate im Jahr. Der schrecklich lange Winter ist dann endgültig vorbei und die Bäume entfalten ihr zartes Grün. Überall blüht es. Die meisten Vogelpärchen haben schon Hochzeit gefeiert und erfreuen uns mit ihrem herrlichen Gesang. Jetzt hält es auch der lahmste Jäger nicht mehr in seinen muffigen vier Wänden aus.

Ich konnte erst am 17. Mai nach Sanitz fahren. „Vielleicht ist der alte Bock ja noch da", dachte ich. Aber wo sollte ich ihn suchen? Er konnte seinen Einstand überall haben. Vielleicht wanderte er ja auch in die nahe Feldmark ab. Um die Möglichkeiten etwas einzugrenzen, entschied ich mich zum Abfährten. Im nördlichen Waldteil, der an die Ortschaft Klein-Freienholz grenzt, und in dem zahlreiche beeindruckende über 200jährige Eichen stehen, fand ich viele Markierungsstellen. Hier grenzte ein älterer Bock seinen Einstand ab. Die Rehe leben im Gegensatz zum Rot- und Damwild die meiste Zeit des Jahres im engsten Familienkreis oder als Einzelgänger und beanspruchen ein festes Territorium. „Wo sollte ich mich aber ansetzen?" Mein Vorgänger errichtete kaum Hochsitze. Ich kam auf die Idee, mich auf das Schichtholzpolter am Wegrand zu setzen. Von dort aus erhielt ich einen guten Einblick in den angrenzenden Wald und konnte auch die breite Schneise einsehen. Um etwas bequemer zu sitzen, nahm ich eine alte Armeedecke mit auf den Holzstapel. Ich saß noch gar nicht lange, als schon zwei Ricken und ein Schmalreh austraten. Sie saßen bis dahin im hohen Gras einer kleinen angrenzenden Moorwiese. Sicher lagen dort auch die Kitze der Ricken. Eine wechselte bis auf wenige Meter an den Holzstapel heran. Ich machte mich ganz klein und dachte nur: „Hoffentlich bekommt sie keinen Wind von dir!" Aber alles ging gut. Dann besuchte mich eine neugierige Spitzmaus. Geschickt kletterte sie von einer Holzrolle auf die andere und suchte dort nach freßbaren Insekten. Auch ein großer schwarzweißer Kater kam den Waldweg entlang. Ich sah ihn schon öfters auf einem der Grundstücke in Klein-Freienholz. Obwohl er hier über 500 Meter von zu Hause entfernt ströperte, ließ ich ihn unbehelligt weiterziehen. Er sah nicht wie ein Vogel- und Hasenschreck aus und wollte sicher nur zu seiner Katzenfreundinnen in die Bundeswehrdienststelle.

Plötzlich sah ich für einen kurzen Moment zwischen den Baumstämmen einen Rehbock, zum genauen Ansprechen leider zu kurz. „Vielleicht kommt er über den Waldweg gezogen", dachte ich. Ich wartete aber vergebens. Als ich im Wald kaum noch etwas erkennen konnte, kletterte ich vom Holzstapel herunter und fuhr nach Laage zurück. „Vielleicht ist es morgens günstiger", dachte ich. Ich fühlte, daß der starke Bock hier Einstand hielt.

Noch vor Tagesanbruch kletterte ich wieder auf den Holzstapel. Alles war ruhig und friedlich, nur die Blätter an den hohen Bäumen sangen ihre monotonen Weisen. Es ähnelte einem Schlaflied, und ich sehnte mich nach meinem warmen Bett zurück. Erst als die Vögel erwachten und mit ihren Liedern den schönen Morgen begrüßten, begann es auch im Wald lebendig zu werden. Die beiden Ricken und das Schmalreh zeigten sich wieder und in großer Entfernung wechselte eilig ein jüngerer Bock über den Weg. Nur der Alte blieb weiterhin unsichtbar. Da ich mich zu um

8.30 Uhr mit Herrn Günter Schmidt von der Standortverwaltung verabredete, kletterte ich kurz nach 8.00 Uhr enttäuscht von meinem Holzansitz. Als ich um den Stapel herumkam, glaubte ich, meinen Augen nicht zu trauen. Ich blieb wie angewurzelt stehen und sah durch mein Fernglas. Da stand der Gesuchte! Die große Gabel an der linken Stange verriet ihn. Der starke Rehbock bemerkte mich längst und sprang ab. In ungefähr 100 Metern Entfernung blieb er noch einmal stehen und äugte hinter einer dicken Buche hervor. Die Chance für einen sicheren Schuß bekam ich nicht, ständig verdeckte etwas sein Blatt. Er schreckte noch einmal entrüstet und verschwand in der Moorwiese. „Du hättest auch noch eine viertel Stunde länger sitzen bleiben können", schimpfte ich mit mir. Im Auto dachte ich über alles noch einmal nach und beschloß, mich das nächste Mal im angrenzenden Eichenhochwald anzusetzen. Den Rest der Woche blieb mir leider keine Zeit für die Jagd.

Am darauffolgenden Mittwoch fuhr ich rechtzeitig nach Sanitz, um mir eine geeignete Ansitzstelle zu suchen. Ich nahm meinen Sitzstock mit und wollte mich hinter einen geeigneten Baum setzen. Da die Eichen alle viel zu dick waren, entschied ich mich für eine alte Hainbuche. Von dort aus konnte ich die Moorwiese sehr gut einsehen. Ich vermutete, daß der starke Bock dort bei Tage stand. Wieder hieß es warten. Ich sah mir die umstehenden Bäume genauer an. Unter den mächtigen Eichenkronen kam ich mir recht winzig und verloren vor. Viele Eichen hatten einen Brusthöhenumfang von über drei Metern. Bei der stärksten konnte ich einige Wochen zuvor einen Umfang von 3,35 Meter und eine Höhe von über 30 Metern messen. Solche Riesen sind in unseren Wirtschaftswäldern schon selten. „Die Eichen kannst du doch nicht fällen lassen", dachte ich. An den etwas lichteren Stellen standen unter den Eichen Hainbuchen, längst nicht so stark, aber trotzdem 100 bis 150 Jahre alt. Plötzlich wurden meine Beobachtungen unterbrochen. Aus einem Loch am Stammfuß der benachbarten Hainbuche kam ein junger Baummarder und schnupperte neugierig an allem herum, was in der Nähe lag. Eine Marderwohnung, ich übersah sie glatt. Allerliebst der kleine Kerl. Gern wäre ich hingegangen, um ihn zu streicheln. Aber ich wußte ja,

... Das kleine Baummarderjunge fing an zu wimmern und zu zittern ...

daß das für beide Parteien nichts brachte. Auf einmal bemerkte ich, einige Meter vom Erdboden entfernt, zwischen einer großen Astgabel auch die Mardermutter. Sie beobachtete jeden Schritt ihres Sprößlings. Wie es aussah, hatte die Hainbuche eine zweite Öffnung. Der Kleine kletterte mutig an einer schaufelstielstarken Buche empor. Einen Meter über dem Erdboden ging es plötzlich nicht mehr weiter. Das kleine Baummarderjunge fing an zu wimmern und zu zittern. Es schien seine Kraft überschätzt zu haben. Die Fähe begann, es zu rufen und ihm Mut zu machen. Aufgeregt sauste sie am Eingang ihrer Baumhöhle hin und her. Der kleine Marder rührte sich aber nicht von der Stelle und jammerte immer erbärmlicher. Mich beunruhigte der Krach auch langsam, aber was sollte ich machen. Ich konnte doch jetzt nicht einfach aufstehen und ihm helfen. Sicher saß der Rehbock in der gegenüberliegenden Moorwiese und bekam dieses Mardertheater längst mit. Nach fast einer Stunde hatte sich an der Situation noch nicht das geringste verändert, nur meine Gehörnerven lagen inzwischen völlig blank. Plötzlich sah ich am Rand der Moorwiese etwas Bräunliches. „Sollte es der alte Bock sein?" Durch mein Fernglas erkannte ich ihn sofort. Ich nahm vorsichtig meine Waffe hoch und brachte sie in Anschlag. Der Bock kontrollierte eifrig alle Duftmarken an seinem Wechsel und erneuerte hin und wieder eine. Die Baummarder schienen ihn nicht im geringsten zu interessieren. Als er in achtzig Metern Entfernung stehen blieb, betätigte ich den Abzug. Für Sekunden verstummte jedes Geräusch. Kein Mardergezeter, keine Vogelstimme und kein Rascheln im Laub. Auch der Rehbock bewegte sich nicht mehr.

Mein Blick wandte sich nun zum jungen Baummarder. Er hing noch immer an der dünnen Buche. Ich ging zu ihm, nahm meinen Zielstock und drückte ihn zu Boden. „Du bist mir ja ein Angsthase", sagte ich zu ihm. „Von der geringen Höhe hättest du doch herunterspringen können." Erlöst kroch er schnell in das Loch am Stammfuß der Hainbuche. Nun war alles wieder gut, doch klang es mir noch lange in den Ohren.

38. Im Kranichwald

Kraniche haben mich immer schon fasziniert. Neben ihrer Größe, ihrer Schönheit und Eleganz, ist es vor allem ihre Stimme, die mir unter die Haut geht. Sie birgt etwas Signalhaftes, ja Verkündendes in sich. Aber es gab immer ganz irdische Gründe für ihre Rufe. Mal wechselte ein Fuchs an, dann kam ein Spaziergänger des Weges, oder ich selbst war der Anlaß. Die Kraniche schafften es aber jedes Mal, mich in ihren Bann zu ziehen und einen Augenblick von den Alltagssorgen abzulenken. Ich betrachtete dann plötzlich Dinge, an denen ich sonst achtlos vorbeigegangen wäre. Die keimenden Getreidekörner auf dem Acker, das bizarre Netz einer Spinne in einem Strauch, das kunstvoll gebaute Nest einer Drossel, eine kleine Schar von Ameisen, die sich abmühte, einen toten Käfer in ihr Nest zu schleppen und vieles mehr.

Wir leben in einer Welt voller kleiner und großer Wunder und sehen sie oft nicht!

Als ich im Mai wieder durch den Kranichwald ging, wußte ich gar nicht, welchen Stimmen ich mich zuerst zuwenden sollte. Welch ein Vogelkonzert! Ob klein oder groß, ob alt oder jung, ob Männchen oder Weibchen, alle Vögel schienen daran beteiligt zu sein. Nur die Kraniche hörte ich nicht, aber ich ahnte, daß sie ganz in meiner Nähe waren. „Sicher brüten sie bereits", dachte ich. Als auffällige Bodenbrüter mußten sie ihren Nistplatz möglichst geheimhalten. Im Vorjahr bauten sie ihr Nest im kleinen Moor auf einer Insel am Fuße einer alten Erle, es glich größenmäßig einem Storchennest. Kein Landtier konnte es trockenen Fußes erreichen. Ich entdeckte es einige Wochen später zufällig bei einer Nachsuche. Daraufhin umging ich das Moor im weiten Bogen, denn ich wollte die Kraniche nicht stören. Womöglich würden sie bei meiner Annäherung das Nest verlassen, und das Gelege bliebe dann schutzlos zurück. Die Elstern und Nebelkrähen in der Nachbarschaft warteten nur auf so eine Gelegenheit, um sich die Eier schmecken zu lassen. Dann wäre es um den

Kranichnachwuchs geschehen. Mir reicht es aus, wenn ich weiß, daß die Kraniche in meinem Revier leben. Ich brauche ihnen nicht jeden Tag "unter den Schwanz" zu schauen. In einigen Wochen würde ich die Kranichfamilie bestimmt zufällig bei einem meiner Jagdansitze zu Gesicht bekommen und dann meine Freude an ihnen haben. Ich setzte mich auf einen Findling am Wegesrand, streckte wie die gelben Blüten der Kuhschellen meinen Kopf der Frühlingssonne entgegen und ließ mich von ihren Strahlen wärmen. „Ach, was für ein Genuß!"

„Haben wir Außerirdische auf dem Flugplatz?" fragte mich einer der Zivilkraftfahrer beim Mittagessen im Speisesaal der Kaserne. Ich wußte im ersten Moment nicht, was ich auf diese komische Frage antworten sollte und kaute, um etwas Zeit zum Nachdenken zu gewinnen, länger als gewöhnlich auf einem Stück Fleisch herum. „Vielleicht verlief sich ein Pilot in voller Ausrüstung zufällig im Wald", dachte ich, „oder die Soldaten ließen sich während einer Feier etwas Besonderes einfallen." Für Außerirdische interessierte ich mich als Förster bisher nicht. Das ist wohl mehr eine Sache für den Sicherheitsoffizier des Flugplatzes oder für den Militärischen Abschirmdienst. „Wo hast du die Außerirdischen gesehen und wie sahen sie aus?" fragte ich neugierig. „Auf der Umgehungsstraße im Bereich B", antwortete der Kraftfahrer. „Ich meine die beiden 'Wollknäuele' auf den langen Stelzen und mit den langen dünnen Hälsen." Nun wußte ich, was er meinte. Er hatte das Glück, den beiden jungen Kranichen zu begegnen. Als ich das erste Mal in meinem Leben junge Kraniche sah, erstaunte mich ihr ungewöhnliches Aussehen auch sehr.

In den darauffolgenden Tagen und Wochen konnte ich die Kranichküken oft im Bereich B des Flugplatzes bei der Nahrungssuche beobachten. Einmal mußte ich sogar anhalten und warten, bis sie in aller Seelenruhe die Straße überquert hatten. Die Elterntiere beobachteten das leichtsinnige Treiben ihres Nachwuchses argwöhnisch aus größerer Entfernung. Auch ich machte mir Sorgen. Fast keiner der Autofahrer hielt auf diesem Straßenabschnitt die vorgeschriebene Geschwindigkeit von 40 km/h ein.

... In den darauffolgenden Tagen und Wochen konnte ich die Kranichküken oft im Bereich B des Flugplatzes bei der Nahrungssuche beobachten ...

Ich habe das Empfinden, daß die Kraniche ihre Scheu vor den Menschen in den letzten Jahren weiter abbauen. Heute ist die Begegnung mit Kranichen in Mecklenburg-Vorpommern nichts Besonderes mehr. Fast alle kleinen Feuchtgebiete, die sich für eine Brut und die Aufzucht der Jungen eignen, besiedelten sie nach und nach. Daß Kraniche dem Menschen gegenüber sehr mutig sein können, habe ich im Frühjahr eindrucksvoll erlebt. Ich wollte mich auf einer Wiese am Waldrand ansetzen und nach einem alten reifen Rehbock Ausschau halten. Schon fast am kleinen Hochsitz angekommen, flog plötzlich ein Kranich auf mich zu. Zirka fünfzehn Meter entfernt landete er vor mir und fing an, mit den Flügeln zu schlagen, hob drohend den Kopf und senkte ihn wieder. Wahrscheinlich schleuderte er mir die schlimmsten Schimpfworte in seiner Kranichsprache entgegen. Ich wußte im ersten Moment nicht, was ich davon halten sollte. „War ich etwa in einem Hitchcock-Film?" Was einem alles in so einer Situation durch den Kopf geht. Sogar an Tollwut dachte ich. Dabei gab es doch eine ganz einfache Erklärung. Ein Kranichpärchen baute, ohne daß ich es bemerkte, an dem kleinen Teich am Waldrand sein Nest. Während das Weibchen brütete, bewachte das Männchen die Umgebung und vertrieb jeden ungebetenen Gast.

Ich zog mich schnell zurück. Auch der alte Rehbock verließ längst diesen Einstand, um sich einen ruhigeren zu suchen.

39. Die drei abnormen Rehböcke

Alle Abweichungen in der Natur vom Normalen fanden schon immer das besondere Interesse der Menschen. Auch die Jäger machen da keine Ausnahme. In vielen bekannten europäischen Trophäensammlungen nehmen die abnormen Gehörne und Geweihe einen besonderen Platz ein. Ihre Erbeutung bestimmt aber im erheblichen Teil der Zufall. Unter den über einhundert Rehböcken, die bis dahin während meiner Amtszeit in Laage erlegt wurden, befand sich keine einzige Abnormität. Im Frühjahr 1996, kurz vor Beginn der Bockjagd, saß ich abends auf einem kleinen Hochsitz am Rande eines Erlenbruches und genoß das herrliche Frühlingswetter. Tagelang saß ich am Schreibtisch über der Planung fürs nächste Forstwirtschaftsjahr und kam kaum ins Revier. Das milde Wetter veranlaßte selbst die Eschen zum Austreiben ihrer Blätter. Sie sind besonders vorsichtig und warten gewöhnlich, bis kein Frost mehr auftritt. Ich lehnte mich auf meinem Sitzbrett ein wenig zurück. Kein Autolärm, keine menschliche Stimme drang an mein Ohr. Die Bühne um mich herum gehörte einzig und allein den vielen Vögeln. War das ein Zwitschern und Tirilieren. Der Laubwald mit seinen vielen Brüchen und Teichen ist ein idealer Lebensraum für sie. Herrlicher Düfte umgaben mich. Sie schienen den erwachten und wachsenden Pflanzen zu entströmen und drangen in die entlegensten Zipfel meiner Lungen. Meine Augen erfreuten sich an den hundertfachen Nuancen der grünen Farbe im wechselnden Spiel zwischen Licht und Schatten. Kein Maler vermag sie zu mischen und so gekonnt auf einem großen Bild zu vereinen. All das tat meiner Seele gut, und ich vergaß eine Weile meine kleinen Sorgen. Das Trompeten eines Kranichpaares ließ mich aufhorchen. Sie waren also wieder zurück, kamen, um im nahen Moor ihr Nest zu bauen und ihre Jungen aufzuziehen. Plötzlich knackte es im Unterholz. Ich überlegte, wen die Kraniche da angekündigten und nahm vorsichtig mein Fernglas hoch. Ein Rehbock zog auf einem kleinen Wechsel heran und begann nicht weit von mir, an einem Weidenstrauch zu fegen. Die zarten Blätter fielen zu Boden und letztlich blieben vom Strauch nur noch kahle Strünke übrig. Dem Körperbau nach mußte es ein alter Bock sein. Als er für einen kurzen Moment sein Haupt hob und sicherte, sah ich, daß eine Gehörnstange nach hinten abknickte und mehrere kleine Enden hatte. Wahrscheinlich verletzte der Rehbock sein Gehörn in der Wachstumsphase. Im Zuge des Heilungsprozesses bildete sich dann diese interessante Abnormität heraus. „Warum kann es nicht schon der 16. Mai sein", dachte ich. Diesen Rehbock hätte ich ohne zu zögern erlegt. Auf der Heimfahrt schmiedete ich einen Bejagungsplan. Aber wie heißt es so schön: Erstens kommt es anders und zweitens als man denkt.

Der 16. Mai kam, und der abnorme Rehbock war spurlos verschwunden. Nach vier vergeblichen Ansitzen entschloß ich mich zu einem morgendlichen Pirschgang. Ich fand zwar in der Nähe des Hochsitzes viele ältere Plätzstellen, aber keine frischen Hinweise auf die Anwesenheit des Bockes. In der Nähe des Moores bemerkte ich plötzlich, wie ein Kranich unauffällig im Unterwuchs verschwand. Nun war mir alles klar. Ich hätte ja auch schon vorher darauf kommen können. Die Kraniche vertrieben alle größeren Tiere aus der Umgebung ihres Nestes, als sie mit der Brut begannen. Ich ging auf kürzestem Weg zurück und überlegte, wohin sich der Rehbock verzogen haben könnte, vermutlich in Richtung Feldkante.

Zwei Tage später wollte ich erneut mein Glück versuchen. Auf der Fahrt zum Ansitzort sah ich im Bereich B des Flugplatzes einen Rehbock auf einer kleinen Wiese am Straßenrand äsen. Fast automatisch trat ich auf die Bremse und nahm mein Fernglas vom Beifahrersitz hoch. Solange ich noch fuhr, blieb der Rehbock ruhig stehen. Doch als er merkte, daß das Auto langsamer wurde und anhalten wollte, wurde er unruhig und sprang ab. Im letzten Moment sah ich aber noch, daß sein Gehörn sehr stark und die rechte Stange zur Seite abgeknickt war. „Noch ein abnormer Bock! Das gibt es doch nicht", dachte ich. Ich zögerte einen Moment und überlegte, was ich nun machen sollte. Es bestand kaum eine Chance, diesen Bock heute noch einmal vorzubekommen. Ich setzte daher meine Fahrt fort. „Wo kommen in diesem Jahr

... „Wo kommen in diesem Jahr plötzlich die Rehbockabnormitäten her?" ...

plötzlich die Rehbockabnormitäten her?" fragte ich mich. Begünstigte vielleicht der lange und strenge Winter diese Mißbildungen, oder war alles tatsächlich nur ein Zufall. Vorsichtig kletterte ich auf einen der Hochsitze in der Nähe der Feldkante. Bis 21.30 Uhr rührte sich nichts. Alle jagdbaren Tiere schienen in die Feldmark ausgewandert zu sein. Plötzlich kam eine Überläuferrotte aus der Fichtendickung und zog gemächlich Richtung Rapsfeld. Zum Schießen leider zu weit. „Nun kommt der Rehbock sowieso nicht mehr," dachte ich. „Vielleicht gelingt es dir, einen Überläufer zu erlegen." Doch meine Rechnung ging nicht auf. Endlich bis auf Schußentfernung herangepirscht, wechselte gerade der letzte Überläufer vom Weg in den Rapsschlag. „So ein Pech!" Ich ließ den Kopf hängen und ging zum Auto zurück. Hinter einer Kurve wechselte ein Reh über die Schneise. Ich nahm das Fernglas hoch und sah, wie konnte es anders sein, den gesuchten abnormen Rehbock. Sekunden später verschwand er schon wieder in der angrenzenden Naturverjüngung. An einen Schuß war nicht zu denken. Trotzdem freute ich mich riesig. Nun kannte ich seinen neuen Einstand. Somit klang der Jagdtag doch noch erfreulich aus.

„Vielleicht hast du mit dem abnormen Rehbock im Bereich B mehr Glück", dachte ich, als ich zwei Tage später wieder zur Jagd fuhr. Da es in der Nähe der kleinen Waldwiese keinen Hochsitz gab, mußte ich auf einen der offenen Flugzeugshelter ausweichen. Ich setzte mich ins hohe Gras. Nach einigen Minuten mußte ich allerdings noch einmal einen kleinen Stellungswechsel vornehmen, denn ich erwischte aus Versehen ein größeres Ameisennest. Die verärgerten Tiere krabbelten sogar an der Waffe hoch und drohten in den Lauf zu fallen. Nach einer halben Stunde kam der Abnorme in Begleitung einer Ricke auf die kleine Waldwiese gezogen. Als er mir seine Breitseite zeigte, betätigte ich den Abzug. Er lag im Feuer. Ich freute mich wahnsinnig, denn es handelte sich um einen sehr starken sieben- bis achtjährigen Bock. Durch eine Bastverletzung war die rechte Stange in der Mitte abgeknickt. Es schien der alte Bock zu sein, den einer meiner Begehungsscheininhaber im Vorjahr dort schießen sollte. Trotz häufiger Ansitze blieb er erfolglos. Vielleicht sollte es so sein. Einen so starken Bock erlegte ich schon lange Zeit nicht. Das Gehörngewicht betrug fast 340 Gramm. Eine Woche später, bei meinem zwölften Ansitz, gelang es mir dann auch, den abnormen Bock vom Erlenbruch zu erlegen. Sein Gehörn war lange nicht so stark.

Im Jahr darauf stellte sich im Bereich B, genau an der gleichen Stelle, an der ich den starken abnormen Bock schoß, erneut ein solcher ein. Auch diese Abnormität entstand durch eine Bastverletzung während der Wachstumsperiode des Gehörns. Ich setzte Oberstleutnant a. D. Volker Heinsen, einen sehr guten und engagierten Weidmann aus Kiel, auf diesen Rehbock an. Er weilte während seiner aktiven Bundeswehrdienstzeit in Rostock und auch danach noch oft zur Jagd auf dem Fliegerhorst. Am dritten Tag konnte er zu seiner großen Freude den Abnormen mit einem exzellenten Blattschuß erlegen. Volker Heinsen brachte auch die einzige gehörnte Ricke meiner bisherigen Laufbahn als Förster im Luisenbusch des Flugplatzes Laage zur Strecke.

40. Dachsgeschichten

Dachse führen ein sehr unauffälliges Leben und sind den wenigsten Menschen schon einmal begegnet. Sie jagen meist nur in der Dämmerung und in der Nacht. Im Winter zehren sie von den Fettreserven und verlassen nur selten ihren Bau. Der Dachsbestand scheint sich in Mecklenburg, nach Einstellung der Baubegasung zur Bekämpfung der Tollwut, wieder erholt zu haben. Leider sehe ich in den letzten Jahren oft tote Dachse an den Straßenrändern liegen. Daß der Dachs so häufig ein Opfer im Straßenverkehr wird, hat seine Gründe. Er ist ja ein ausgesprochenes Nasentier. Seine Augen sind sehr klein und durch die kurzen Beine besitzt er nicht den "Überblick" wie andere Tiere. Durch das Fehlen natürlicher Feinde fühlt er sich sehr sicher. Wenn ein Dachs ersteinmal läuft, läßt er sich nur selten von seinem Kurs abbringen. Er ist stur wie ein "Panzer" und achtet kaum auf seine Umgebung. Die Wahrscheinlichkeit, daß er dabei auf einer stark befahrenen Straße von einem Fahrzeug erfaßt wird, ist sehr hoch. Bei flüchtigem Hinsehen können überfahrene Dachse allerdings von Laien sehr schnell mit einem Frischling verwechselt werden. Im Herbst suchen die Dachse sehr gern die Schwarzwildkirrungen auf und fressen den für die Wildschweine bestimmten Mais. Viele Jäger können davon ein Lied singen. Ich war schon zweimal gezwungen, wegen der Dachse eine Kirrung aufzugeben. Trotzdem haben diese interessanten Tiere bei mir einen Stein im Brett. Noch nie konnte ich mich dazu durchringen, einen Dachs zu erlegen.

Einmal im Spätherbst, ich wollte bei Mondschein in einem kleinen Eichenwäldchen bei Eldenburg Wildschweine jagen, wäre es beinahe zu einer bösen Verwechslung gekommen. Das Mondlicht war sehr schlecht, und ich schien an dem Abend einfach kein Glück zu haben. „Vielleicht fanden die Wildschweine woanders eine bessere Nahrungsquelle", dachte ich. „Aber wo?" Plötzlich hörte ich es vor mir im trocknen Eichenlaub rascheln. Ich pirschte vorsichtig näher, um den Verursacher zu ermitteln und entdeckte einen einzelnen relativ kleinen Frischling. Er suchte im Laub nach Eicheln, Insekten und Würmern. „Vielleicht ist er krank oder hat seine Rotte verloren", überlegte ich und brachte meine Waffe in Anschlag. Doch der kleine Kerl zeige mir nur immer sein Hinterteil, so daß ich mich entschloß, noch ein Stück näher heranzuschleichen. Plötzlich bemerkte ich weiße Längsstreifen am "Gebrech" und seine Gestalt erschien mir auf einmal so gedrungen. „Wildschweine haben doch längere Läufe", dachte ich. „Ist das überhaupt ein Frischling?" Kurz darauf stellte sich heraus, daß da ein Dachs nach Leckerbissen suchte.

Eine besonders drollige Dachsbegegnung hatte ich im darauffolgenden Jahr, als ich ganz in der Nähe auf einen Feisthirsch ansaß. Ich fuhr schon sehr zeitig am Nachmittag los. In der Hoffnung, daß die Feisthirsche in ihrem Einstand schon früh umherziehen, setzte ich mich in einem stark kuppierten Dünengelände hinter einer dicken Kiefer an. Die Düne, auf der ich saß, war zur Hälfte mit dichter Kiefernnaturverjüngung zugewachsen. In nördlicher und westlicher Richtung konnte ich weite Bereiche des Einstandes sehr gut einsehen. Zur Abendbrotzeit, als mein Magen zu knurren anfing, holte ich mein Stullenpaket heraus und stärkte mich. Das Brotpapier deponierte ich zunächst am Stammfuß der Kiefer unter einem Moospolster. Plötzlich knackte es. Ich dachte, der Feisthirsch kommt. Fast automatisch griff ich zur Waffe und überprüfte noch einmal ihre Schußbereitschaft. Das Geräusch kam näher und näher, und ich wurde immer unruhiger. Ich befürchtete, daß mir zu wenig Zeit zum Ansprechen des Hirsches bleiben würde. Ich schmiegte mich noch enger an die Kiefer, um möglichst lange unerkannt zu bleiben. Plötzlich tauchte vor mir in zehn Meter Entfernung ein Dachs auf. Er wechselte genau auf mich zu. „'Meister Grimbart', da hast du mich ganz schön in Aufregung versetzt. Was nun wohl passiert", dachte ich und blieb ganz still sitzen. Der Dachs kam ahnungslos bis an die dicke Kiefer heran, beschnupperte die Stelle, unter der ich das Brotpapier gerade versteckte, hob in Vorahnung einer schlimmen Entdeckung langsam den Kopf und sah mich an. Die kleinen frechen Augen wurden starr vor Entsetzen. Ich weiß nicht wie lange wir uns so ansahen, aber wohl war mir nicht. Der Dachs stand ja nur knapp einen Meter von mir entfernt. Wenn er mich aus Angst angefallen hätte, wäre mir kaum Zeit zur Abwehr geblieben. Nach einigen langen Sekunden sprang der Dachs zur Seite und lief in panischer Angst davon.

Daß so eine unerwartete Begegnung mit einem Dachs gefährlich sein kann, erlebte ich selbst einmal. Die Schuld lag aber bei mir. Ich wollte mich nach einem Gewitterguß an einer Wiese auf einen Rehbock ansetzen. Plötzlich bemerkte ich vor mir einen Dachs. Er schien im feuchten Gras nach Schnecken und Regenwürmern zu suchen. Wind konnte er nicht bekommen. Ich ging schneller und holte ihn ein. In dem kurzen nassen Gras hörte man meine Schritte so gut wie nicht. Eine ganze Weile beobachtete den prächtigen Dachs und kam dann auf die verrückte Idee, ihm einen Schreck einjagen zu wollen. Ich nahm meinen Zielstock und tippte ihm damit auf den Rücken. Der Dachs sprang blitzschnell herum und biß wütend in den Stock. Das Holz splitterte auseinander. Vor Schreck ließ ich den Zielstock fallen und wich ein Stück zurück. Nun stand ich dem Dachs völlig wehrlos gegenüber. Die Jagdwaffe hing noch immer über der Schulter und kein rettender Baum in der Nähe. Zum Glück griff der Dachs mich nicht an. Er fletschte noch einmal drohend die Zähne und lief dann langsam davon.

In meinem Revier Laage gibt es einen alten Dachsbau. Die Wechsel, die zu dem Bau führen, sind gut zu erkennen. Kleine Zweige und Laub "fegt" der Dachs regelmäßig beim Laufen mit seinem gedrungenen Körper bei Seite. Unmittelbar am Bau fand ich nie irgendwelche Nahrungsreste. Der Dachs ist ein sehr reinliches Tier. Er löst sich auch nicht im Bau oder in seiner unmittelbaren Umgebung, sondern gräbt weiter entfernt kleine Gruben, die wir Jägern als "Dachstoiletten" bezeichnen. In der Nähe dieses Baus gelangen mir fast jedes Jahr interessante Dachsbeobachtungen. Einmal wurde ich Zeuge, wie zwei Jungdachse blitzschnell einen alten Baumstubben auseinandernahmen. Nachdem sie ihn kurz beschnupperten, rissen sie mit ihren scharfen Krallen Stück für Stück des morschen Holzes heraus und zankten sich um die dicken Holzwürmer, die sie darin fanden. Schon nach wenigen

... Wenn die Dachskinder am Abend ausgelassen und unbekümmert umhertrollten, war es nie langweilig ...

Minuten lag hinter ihnen nur noch ein weit verstreuter Haufen gelblicher Holzspäne. Wenn die Dachskinder am Abend ausgelassen und unbekümmert umhertollten, war es nie langweilig. „Eigentlich könntest du auch einige Fotos machen", dachte ich. Am darauffolgenden Tag nahm ich meinen Fotoapparat mit, leider nur einen ganz einfachen Apparat mit eingebautem Blitzlicht. Eigentlich nicht die richtige Ausrüstung für so ein Vorhaben. Ich saß noch nicht lange am Bau, und die Jungdachse steckten gerade ihre Nasen aus der Röhre, als ein Gewitter aufzog. „Vielleicht zieht es seitlich vorbei", dachte ich. Aber es grummelte immer lauter und der Himmel verdunkelte sich zusehends. Als die Blitze stärker wurden und die Pausen zwischen Blitz und Donner kürzer, beunruhigte mich das schon. Ich halte mich nicht gern bei Gewitter im Wald auf. Den Jungdachsen schien das nichts auszumachen. Ich stieg vom Hochsitz, prüfte den Wind und ging vorsichtig auf die Jungdachse zu. In ihr Spiel dermaßen vertieft, bemerkten sie mich nicht. Auf ungefähr drei Meter herangekommen, drückte ich das erste Mal auf den Auslöser des Fotoapparates. Die jungen Dachse zuckten erschrocken zusammen. Da der große Donner ausblieb, schöpften sie keinen Verdacht, und ich konnte sie ungestört weiter fotografieren.

41. Jagdfreunde

Bei meinem Dienstantritt im Oktober 1991 im Forstrevier Laage war die Entscheidung über die Zukunft des Militärflugplatzes in Laage-Kronskamp noch nicht endgültig gefallen. Die Militärflugzeuge der ehemaligen Nationalen Volksarmee standen abseits an der Ringrollbahn, und das Personal wurde auf ein Minimum reduziert.

In der mecklenburgischen Kleinstadt Goldberg machte ich bereits die Erfahrung, welche Probleme die endgültige Aufgabe einer großen Militärliegenschaft für eine strukturschwache Region auslösen kann. Dort setzten sich die Militärgegner durch und erreichten mit Parolen, wie z. B. "sanfter Tourismus statt Militär", die Auflösung der Kaserne. Erst als die ersten Wohnungen in der Stadt leerstanden und die Menschen in den Läden und Gaststätten weniger wurden, mußten viele Anwohner erschrocken feststellen, daß man mit dem Militär vieles mehr verlor. So lange wir in Deutschland noch die Bundeswehr brauchen, sollte jede Stadt oder Gemeinde froh sein, wenn sie eine Kaserne in ihrem Bereich hat.

Als bekannt wurde, daß Laage-Kronskamp als Militärflugplatz bestehen bleibt und vorrangig ausgebaut wird, reite ich mich in die Schar der Jubelnden ein. Heute sind die positiven Veränderungen, die diese Entscheidung für Laage und die umliegenden Dörfer mit sich brachte, nicht mehr zu übersehen. Überall wird gebaut und in der Nähe des Flugplatzes siedelten sich mehrere Betriebe an. Wie es aussieht, kommen demnächst noch weitere hinzu. Ohne Fluglärm wird es aber auch in Zukunft nicht abgehen. Mit dem weiteren Ausbau des Militärflugplatzes nahm die Personalstärke an Offizieren, Unteroffizieren und Soldaten ständig zu, unter ihnen auch passionierte Jäger. Wenn sie das erste Mal zu mir ins Büro kamen, um sich vorzustellen und sich nach den jagdlichen Möglichkeiten zu erkundigen, gerieten sie meist schnell über die herrliche Natur auf dem Flugplatz sowie seiner

Umgebung ins Schwärmen. Die meisten von ihnen konnten durch die häufigen Versetzungen nirgends so richtig jagdlich Fuß fassen und freuten sich, daß ich ihnen Verständnis entgegenbrachte. Eine Selbstverständlichkeit für mich.

Die Bundesforstverwaltung gibt jährlich für Militärliegenschaften unentgeltliche Jagderlaubnisscheine aus. Dadurch ist es möglich, bevorzugt Bundeswehrangehörige an der Jagd zu beteiligen. Auf dem Flugplatz in Laage werden jährlich vier bis fünf solcher unentgeltlicher Jagderlaubnisscheine vergeben. Ohne meine aktiven Jäger in Bundeswehruniform hätte ich die komplizierten jagdlichen Bedingungen auf dem Flugplatz kaum in den Griff bekommen. Auch nach planmäßigen Versetzungen blieb der Kontakt zu den meisten Jagdkameraden erhalten.
Viele gemeinsame schöne Stunden auf der Jagd und so manche interessante Jagdbeute verbindet mich mit den Begehungsscheininhabern Peter Amende, Detlev Göllner, Georg Alexander von Harling, Erich Janßen, Wolfgang Michalski, Horst Rieger, Nikolaus von Stackelberg, Friedrich Sudeikat und Hubertus Waldeyer. Zu den Jagdgästen, die seit Jahren regelmäßig zur Jagd auf den Flugplatz nach Laage kommen, gehören Volker Heinsen, Klaus Fröhlich und Eckehard Lodd.

Ich versuche die Jagd möglichst immer so zu organisieren, daß alle Jagdteilnehmer zu Schuß kommen. Aber nicht immer gelingt alles so, wie man sich das denkt. Bei einigen Jagdkameraden bin ich mir allerdings sicher, selbst wenn ich sie in Laage auf den Marktplatz setzen würde, kämen sie noch mit einem erlegten Stück Wild nach Hause. Es gibt nichts Schöneres, als sich nach der Jagd gemeinsam über die Jagdbeute zu freuen und in gemütlicher Runde interessante Erlebnisse auszutauschen. Was alles so vorkommen kann. Wenn ich manches nicht selbst erlebt hätte, anderen würde ich es kaum glauben. Ein Anlaß zur Freude bestand immer, wenn Jagdgenossen in meinem Revier ihr erstes Wildschwein im Leben schossen. Zu ihnen gehören unter anderem Diethard Hoffmann, Horst Rieger, Friedrich Sudeikat, Erland Tödter, Michael Hogrebe und Nikolaus von Stackelberg. Besonders gut erinnere ich mich noch daran, wie Weidgenosse

Erland Tödter anläßlich einer der Gesellschaftsjagden, an denen auch Jagdfreunde aus Hamburg und Lübeck teilnahmen, zum weidgerechten Wildschweinjäger geschlagen wurde. Zu diesen Drückjagden gehören immer ein Mondansitz am Vortage und ein ausgiebiges Schüsseltreiben nach Verblasen der Strecke. Daß er als "saugerechter Jäger" für einige Getränkerunden aufkam, bedarf eigentlich keiner besonderen Erwähnung. Für die meisten meiner Jagdfreunde sind diese Gesellschaftsjagden der Höhepunkt der Jagdsaison. Denn "mitempfundene Jagdfreuden sind doppelte Jagdfreuden" oder "in der Gemeinschaft freut es sich besser". Jagdneid gibt es bei uns nicht. Jagdliche Einrichtungen erhalten auch Namen nach besonderen Ereignissen. So gibt es einen "Dörflersitz", dieser brachte Weidgenosse Herbert Dörfler schon mehrfach eine gute Strecke, und einen "Göllnersitz", von dem Weidgenosse Detlev Göllner seine erste Sau auf dem Flugplatz auf die Schwarte legte.

Besonderes jagdliches Geschehen wird auch bei unseren Schüsseltreiben immer wieder erzählt nach dem Motto:
Weißt du noch ...? Weißt du noch, wie Weidgenosse Herbert Ohrtmann "versehentlich" mit einem Schuß zwei Wildschweine zur Strecke brachte und damit bei der Drückjagd Ende Oktober 1996 Jagdkönig wurde; erinnerst du dich noch, wie ein Jagdgast im Sommer 1995 in zehn Minuten eine Sau und zwei Rehe erlegte, oder wie ein bekannter Förster bei einer Drückjagd von einem Stand sieben Wildschweine erlegte, nachdem eine große Rotte von den Hunden gesprengt werden konnte. Vielleicht wären es noch mehr geworden, sein Munitionsvorrat bestand nur aus sieben Patronen.

Hoffen wir, daß die von uns gewählten Politiker und die überwiegend städtisch orientierte Gesellschaft gemeinsam mit uns Jägern Umwelt, Natur und Wild erhalten, damit auch zukünftig weidgerechte Jagd möglich ist. Möge "Diana" uns allen noch viele schöne Jagderlebnisse schenken!

Bildnachweis

Archiv des Autors	1, 3, 5, 6, 7, 8, 9, 10, 11, 12, 13, 14, 21, 24, 25
Bär, Erika	2
Heinsen, Volker	17
Hendelkes, Wilhelm	18
Koch, Cornelia	16a-c, 23
Pack, Armin	4
Reif, Klaus-Peter	20, 22
Thomas, Werner	15
Wichmann, Wolfgang	19

Trotz größter Sorgfalt können Fehler nicht vollständig ausgeschlossen werden. Autor, Verlag und Herausgeber können weder eine juristische Verantwortung noch irgendeine Haftung übernehmen.

"Ostpreußische Forst- u. Jagdgeschichten"

Forstmeister i. R. Helmut Mattke

2. erweiterte Auflage

272 Seiten, 43 Fotos, 4 Karten, 17 Zeichnungen von K.-P. Reif

Preis: 34,00 DM
ISBN: 3-9805273-0-1

Erlebnisse u. Erzählungen des gebürtigen Ostpreußen aus seiner verlorenen Heimat, dem Land der kristallenen Seen u. dunklen Wälder.

II. Band

"Mecklenburgische Forst- und Jagdgeschichten"

Forstmeister i. R. Helmut Mattke

344 Seiten, 77 Fotos, 21 Zeichnungen von Klaus-Peter Reif

Preis: 36,00 DM
ISBN: 3-9805273-4-4

In der neuen Heimat - die Geschichten und Erzählungen mit dokumentarischem Bezug bieten Unterhaltsames und Wissenswertes aus Mecklenburg. Eine gelungene Fortsetzung des 1. Bandes (Ostpreußische F. u. J.).

Bestellungen:
über den örtlichen Buchhandel oder beim

WAGE-Verlag Tessin
Tel.: 038205/12902
Fax: 038205/12901

EXTRA ANGEBOT
zusammen:
60,00 DM

"Die Welt ist uns gram und wir sind nur ein Spiel"
Goede Gendrich

Aus dem Leben eines Revierförsters.

312 Seiten, 25 dokumentarische Fotos, 8 Zeichnungen von Klaus-Peter Reif (Jagdmaler)

Preis: 36,00 DM
ISBN: 3-9805273-3-6

Der bekannte Schriftsteller beschreibt das Schicksal seiner Familie von 1923-1953. Aufgewachsen als Förstersohn hat er nur das Ziel, selbst den grünen Rock zu tragen und zu der ehrenhaften, eingeschworenen Zunft zu gehören.

Gendrich unterbrach die geliebte Arbeit in der Forst, um freiwillig bei der Wehrmacht zu dienen. Schwer verletzt kehrte er zurück und übernahm wieder das Revier Cammin bei Rostock (Meckl.), bis die Panzer der Roten Armee in der Ort rollten. Mit seiner geliebten Frau verbarg er sich 98 Tage in einer Erdhöhle im Wald. Unter unsäglichen Bedingungen, in der Angst entdeckt zu werden, ohne Informationen von der Außenwelt und letztlich ohne Nahrung, war die Belastung unerträglich. Trotz der Entbehrungen und des seelischen Druckes schildert der Forstmann die Schönheiten der Natur und die Begegnungen mit dem Wild. Schließlich wagte das Paar die gefährliche Flucht in den britischen Sektor, wo Gendrich bis zur Pensionierung als Revierförster tätig war.

"Ein Ort zum Bleiben"
Landforstmeister i. R.
Waldemar Martens

337 Seiten, 54 Fotos (18 Bildseiten), 14 Zeichnungen von K.-P. Reif
2. überarbeitete Auflage (1999)
Preis: 43,00 DM
ISBN: 3-9805273-2-8

Das zweite Werk des Autors zeigt die jagd- u. forstlichen Entwicklungen der letzten 30 Jahre auf dem Darß. Sie sind eingebunden in Anekdoten über einfache Menschen bis hin zur damaligen Prominenz.

Folgewerk auf "Wo Adler noch und Stürme jagen" und "Verklungen Horn und Geläut".